Peter Spangenberg

Staunen
über Gott

AGENTUR DES RAUHEN HAUSES HAMBURG

© Agentur des Rauhen Hauses Hamburg 2003
Gesetzt aus der Caslon 540
bei Gestaltung + Verlags-Service, Rosengarten
Lithografiert bei connected 2000 GmbH, Hamburg
Umschlagabbildung: Jörgen Habedank, Appen,
Kleine Kosmologie; Foto: Rüdiger Girahn
Die Schreibweise entspricht den Regeln
der neuen Rechtschreibung.
Druck und Bindung: Clausen & Bosse, Leck
Der Umwelt zuliebe gedruckt auf
chlorfrei gebleichtem Papier.
ISBN 3 7600 1624-3
Best.-Nr. 1 1624-3

Für Peter Lloyd
und Werner Gehm

Inhalt

VORWORT

Es ist vermessen, von Gott reden zu wollen. Kein Wort reicht aus, um Gott zu erfassen. Kein Bild reicht aus, um Gott zu beschreiben. Kein Gedanke reicht aus, um Gott zu begreifen. Kein Traum reicht aus, um Gott zu erträumen. Andererseits: Wir kommen gar nicht umhin, von Gott zu reden. Wir müssen Bilder entwerfen, Gesänge singen, Tänze tanzen, weil wir uns nach dem Grund des Lebens sehnen, weil wir die Zeit erfüllen wollen und nach Herkunft und Zukunft fragen.

„Die Menschen schauen immer von Gott fort. Sie suchen ihn im Licht, das immer kälter und schärfer wird, oben.

Und Gott wartet anderswo, wartet – ganz am Grund von allem, tief.

Wo die Wurzeln sind. Wo es warm ist und dunkel." *Rainer Maria Rilke*

Ich wünsche dem Leser viele neue Entdeckungen.

Peter Spangenberg

Ich sitze in meiner Kirche. Meine Augen nehmen meine Gedanken an die Hand und wandern durch den Raum. Da, über dem Altar machen sie Halt und betrachten den gekreuzigten Christus. Ich denke 2000 Jahre zurück: Die Kreuzigung war bei den Römern eine beliebte Strafe. Ich denke an die ungezählten Kreuzigungen in der Geschichte, an die Hinrichtungen und Folterungen.

Nichts da von Würde und Ehrfurcht, gar nichts. Doch dort, der Eine, dessen Kreuz so berühmt wurde! Ich weiß von ihm, dass er sich seinem Schicksal ergab. Mehr noch: Er sah es als ausdrücklichen Willen Gottes. Noch einmal mehr: Er begriff seinen Weg als Einsatz für Menschen und Welt. Aber dass Gott dahinter steht? Nicht zu fassen, nicht zu glauben!

Ich sitze und sehe ihn an. Der Künstler hat ihm ein Lächeln gegeben, ein überraschendes Lächeln. Da ist nichts von Hass oder Enttäuschung. Ein Lächeln! Vollendung. Überwindung. Ich denke an die berühmten Worte, die er am Kreuz sprach. Unter ihnen das wohl berühmteste: Vater, vergib ihnen; denn sie wissen nicht, was sie tun! War das übermenschlich? War das Galgenhumor? War das Schwäche? Man kann darüber gewiss unterschiedlicher Meinung sein. Ich aber sehe in seinem Lächeln den Spiegel Gottes. Ja, da war Gott. Dass dieser Eine aus Nazareth diesen Gott in seinem Lächeln Vater nannte, macht mich darauf aufmerksam, dass ich das nun auch kann: dem lächelnden Gott antworten, mit ihm reden, ihn anreden.

Ich sitze in meiner Kirche und vertiefe mich in das lächelnde Antlitz des Gekreuzigten. Ich spüre, dass sein Leben den liebenden Gott erschloss. Ich erkenne, dass sein Glaube den tröstenden Gott vermittelte. Ich merke und entdecke, dass das bis heute gilt.

Ich bin froh, dass ich bei meinem Versuch, über Gott zu reden, hier begann: in meiner Kirche, beim lächelnden Christus. Sein Gott ist mein Gott.

Nun nehmen meine Gedanken meine Augen an die Hand und gehen aus der Kirche nach draußen.

Die Unfasslichkeit Gottes

Ich bin ja viel zu klein, um über Gott zu reden. Ich möchte auch gar keinen kleineren Gott, der vielleicht handlicher wäre; aber er wäre dann kleiner als ich. Das haben die Menschen immer wieder versucht, Gott verfügbar zu haben, gleichsam über Gott verfügen zu können: sprachlich, durch Handlungen, durch Riten, durch Rituale, durch Formen, durch Opfer und durch Hochmut.

Das alles hat seine eigene schlimme Geschichte und findet bis heute seinen Niederschlag in festen religiösen Behauptungen. Das Gegenteil findet auch statt, und zwar in der Form unbedachter, gemeiner und nichts sagender Redewendungen: Achdugott! – Ogottogott! – Achduliebergott! Herrgott noch mal! – Achdugroßergott! – Bei Gott! – Gottverdammt! – In Gottes Namen! – Das in Gottes Ohr! – Mein Gottchen! – Gnade dir Gott!

Solche und viele Redensarten zeigen die Plattheit religiöser Reste. Immerhin aber lassen auch diese sprachlichen Verformungen ahnen, welch hohen Rang einst die Verankerung in Gott hatte. Es sieht so aus, als stünde hinter diesen blassen verbalen Äußerungen der Mensch vor Gott. Deshalb verachte ich die Menschen auch nicht, die sich solcher Redewendungen bedienen. Sie transportieren so etwas wie eine dunkle Erinnerung an alte religiöse Zeiten. Aber diese Zeiten waren nicht einfach gut oder intensiv, sondern sie waren voller Magie, voller Angst, voller Unwissenheit und boten ein Gottesbild des Schreckens:

Ein maskuliner Gott mit protzender Muskelkraft, ein drohender Gott mit Rachegelüsten, ein beeindruckender Gott voller Naturgewalt, ein Puppenspieler hinter den Wolken, ein bestechlicher Gott, der auf Opfer aus ist, ein gespenstischer Gott, der als „Big Brother" alles und jedes überwacht und geradezu ein Überwachungssystem eingerichtet hat, um den kleinen Menschen zum Spielball seiner Spielgelüste zu machen. Was hier so locker gesagt wird, hatte und hat geradezu abenteuerliche pädagogische Auswirkungen, Auswirkungen der Angst. Diese abartigen Gottesbilder führten weltauf und weltab zu grotesken Verzerrungen des Glaubens und der Religion. Zwischendurch gilt es einmal zu klären, dass es einen großen Unterschied zwischen diesen beiden Begriffen gibt: Glaube ist die Antwort des Menschen auf die Anziehungskraft Gottes. Religion ist die geschichtliche Ausprägung des Glaubens in den Formen menschlicher Aussagen: in Worten, Sätzen, Dogmen, Liedern, Traditionen, Gebäuden, Riten und Begehungen. Glaube ist das Ja zum Anruf Gottes, Religion ist die gemeinschaftliche Verwaltung der Glaubensinhalte. Deswegen ist Religion auch u. U. so gefährlich, weil sie die Substanz des Glaubens festmachen will, weil sie den Glauben zum Dokument werden lässt.

Sagen wir es so: Glaube ist die nackte Erkenntnis; Religion ist die Bekleidung des Glaubens. Der Glaube braucht seine Kleider. Das ist unzweifelhaft. Der Glaube braucht also Religion. Sonst würde er frieren oder schwitzen. Und die Religion braucht den Glauben. Sonst wäre sie leer und hohl. Genau hier liegt das Problem: Die Religionen gebärden sich, als seien sie Glaube, und dadurch können ihre Vertreter zu Fanatikern und Verbrechern werden.

Befreiend ist dagegen die biblische Rede von Gott, denn sie geht vom Staunen aus. Wer den 8. Psalm aufmerksam liest, wird entdecken, dass dort einer spricht, der fasziniert ist. Da sitzt einer vor seinem Zelt und sieht das weit gespannte Firmament. „Wenn ich die Himmel sehe, deiner Finger Werk, den Mond und die Sterne, die du gemacht hast: was ist der Mensch, dass du seiner gedenkst, und des Menschen Kind, dass du dich seiner annimmst?" Dieser faszinierende Psalm spricht von der Unfasslichkeit Gottes. Das ist eine Kategorie, die dem religiösen Menschen weithin verloren gegangen ist, weil er permanent den Versuch unternimmt, Gott fassen zu wollen. Aber der fassliche Gott müsste ja kleiner sein als der größte Menschenverstand und wäre auf diese Weise der Gott des prometheischen Menschen, wenn er sagt: Hier sitze ich, forme Götter nach meinem Bilde, einen Gott, der mir gleich sei.

Ich aber möchte zu den Staunenden gehören, denn die Staunenden gehören zu den Dankbaren, und die Dankbaren entdecken Gott in der Beziehung. Das ist das Geheimnis des Glaubens: Gott in der Beziehung. Gott für mich, Gott mit mir, Gott für uns, Gott im Leben oder wie Bonhoeffer schrieb: „Gott ist mit uns am Abend und am Morgen und ganz gewiss an jedem neuen Tag."

Es ist wahrlich keine Schande für den Menschen zu sagen: Mein Gott! Du bist so groß, so weit, so umfassend, so All-mächtig, so universal, so allraumend, so alllebend, so begründend, so ganz Initiative, du Designer der Welt, du Mustergeber des Lebens, du Architekt des Alls, du Spurenleger der Welten! Ich fühle mich wohl mit deiner Unfasslichkeit. Ich bin klein. Du bist groß! Dass ich dich duzen darf?! Wunderbar!

Ich mag den Ausdruck, denn er strahlt von Wärme, von Nähe, von Geheimnis und von Liebe. In diesem alten Ausdruck vom Engel erschließt sich mir das Wesen Gottes so menschlich und dicht, dass ich es einerseits nicht fassen oder begreifen kann, andererseits aber die Möglichkeit spüre, mich an Gott anlehnen zu können, und ich ertappe mich dabei, dass ich in ihn verliebt bin.

Es war und ist eigentlich eine kindliche, fast törichte Vorstellung, Engel seien die Boten oder die Kundschafter Gottes. Dennoch habe ich allen Respekt vor diesen alten Bildern, stammen sie doch noch aus einer Zeit, in der der physikalische Himmel für den Wohnsitz Gottes gehalten wurde, also oben, also hinter den Wolken, also weit weg, nahezu unendlich weit entfernt. Es war daher klar, dass eine Botschaft des so geglaubten Gottes oder der so geglaubten Götter nur durch Boten übermittelt werden konnte. Diese Vorstellung war eine ungeheure Leistung des

Menschen, der damit ja auf Rufweite zu Gott leben wollte. Das alte Weltbild von Oben und Unten ist aber längst abgelöst. Die Vorstellung von geflügelten Postboten Gottes, die gleichsam einen Eilbrief vom Himmel auf die Erde bringen, kann wirklich nicht mehr gelten. Wenn ich das erkannt habe, ist für mich nur eine alte Vorstellung erledigt, nicht aber das Wort Engel und seine Bedeutung.

Zwischendurch sei noch gesagt, dass ja gar nichts einzuwenden ist gegen den liebevollen Weihnachtsschmuck, bei dem Engelsfiguren eine Rolle spielen. Einzuwenden ist auch nichts gegen die vielen Krippenspiele, in denen der Engel den Hirten auf dem Felde erscheint. Und auch ist nichts einzuwenden gegen den Begriff des Schutzengels, der meinem Kind hilft, mit der Angst fertig zu werden oder Gott dankbar zu sein. Doch das ist wirklich alles nur Schmuck, sinnvoller Schmuck, eine Art Dekoration, die aber nur Symbolcharakter haben kann. Ein Symbol schließlich ist ein Zeichen, ein Gegenstand, ein Wort oder eine bildliche Darstellung, die hinter sich zurück weist. Ein Symbol will das Unaussprechliche aussprechen, das Unsagbare sagen, das Unsichtbare sichtbar machen, das Unfassliche fassbar. Nun wird schnell klar, dass der unfassliche und unaussprechliche Gott im Symbol zur Geltung kommt.

Deshalb ist das Wort Engel ein Deutewort für Gott selbst. Herrlich finde ich das und halte es gern mit der Bibel, in der das Nahekommen Gottes, seine Nähe, sein Gebot, seine Ermutigung, in der Befreiung und Beauftragung stets mit Engel bezeichnet werden. Zum Teil tragen diese Engel Namen, und die Namen haben wiederum eine Bedeutung, um die Situation und den Auftrag zu klären. Oft auch tragen die Engel menschliche Züge. Ich denke an die Ostergeschichte, in der ein junger Mann im weißen Gewand den Frauen und Jüngern Klärung verschafft. Die Bibel geht noch weiter, indem sie sagt: Es könnte sein, wir beherbergen einen Engel, wenn wir einen Gast aufnehmen. Genauso sah und sieht es auch eine alte russische Sitte: Man stellt ein Gedeck mehr auf den Tisch, als man Gäste erwartet, denn es könnte ja sein, mit einem plötzlichen Gast kommt ein Engel, also Gott, zu Besuch. Engel – das ist die Erfahrung des Menschen mit Gott. Engel, das ist der heilige Augenblick, in dem dem Menschen klar wird, was Gott von ihm will. So nimmt es nicht wunder, dass Engel auch häufig im Zusammenhang mit Nacht, Schlaf und Traum beschrieben werden, also in der Situation der Einsamkeit, der Dunkelheit, der Versenkung und der ganzen Bereitschaft, Gott wahrzunehmen. Engel – das ist also Gott selbst. Nur eines muss auch klar sein: Ein Mensch, der sich die Ohren zustopft, kann nichts hören; wer sich die Augen zuhält, kann nichts sehen; wer die Hände verschließt, kann nichts empfangen; wer Herz und Seele versperrt, kann Gott nicht empfangen. Deshalb verstehe ich den großen dänischen Theologen des 19. Jahrhunderts Sören Kierkegaard besonders gut, wenn er schreibt: „Wenn ich Arzt wäre und würde gefragt, was zu tun ist, würde ich sagen: Schafft Stille!"

Seit Menschengedenken ist es die Sehnsucht des Menschen, mit Gott reden zu können, verbalen Kontakt zu haben. Das ist aus zwei Gründen verständlich: Alles, was ich fürchte, wird weniger bedrohlich, wenn ich es benennen kann, wenn ich es orten kann, wenn ich es in den Begriff nehme. Der Gegner, den ich kenne, ist nur noch die Hälfte wert. Götter waren oft Gegner, ja Feinde des Menschen. Sie wurden kleiner, wenn sie benannt werden konnten. In ihrer Hilflosigkeit gingen religiöse Menschen oft so weit, ihren Gott regelrecht dingfest zu machen in einer Art Fesselung an einen Altar, an einen Ort oder an einen Ritus. Alles geschah aus Angst.

Der andere Grund heißt: Alles, was ich liebe, möchte ich benennen, vielleicht sogar mit Kosenamen, wie es Verliebte tun. Diese Art, Namen zu geben, hat viel mit Bekenntnis und Wiedererkennen zu tun. Solche Namen, die aus Einsicht und Liebe gegeben werden, drücken stets eine Beziehung aus, denn kein

Name dieser Welt kann das Wesen einfangen oder ausdrücken. Das ist schon zwischen Menschen so. Um wie viel mehr betrifft es die Beziehung des Menschen zu Gott! So steht am Anfang der Gottesbezeichnungen in der Bibel auch die Überraschung, dass Gott keinen Namen hat. „Ich bin, der ich bin", heißt es im Alten Testament. Es ist also ein namenloser Name, eine offene, ja geradezu leere Bezeichnung, die Gott in den Mund gelegt wird, um den Menschen in seine Grenzen zu weisen. Der Glaube an Gott und das Wissen um seine Bedeutung verbieten dem Menschen, Gott menschlich zu erfassen, denn das wäre ja eine Namensgebung: menschliche Erfassung. So begegnen wir in der alten Zeit einer grundsätzlichen Bescheidenheit, verbunden mit der Einsicht, dass Gott keinen Namen braucht, um Gott zu sein. Aber der Mensch braucht Namen, auch einen Namen für Gott, weil er angewiesen ist auf Kommunikation. So entstanden auch Bezeichnungen für Gott: Schild, als Ausdruck für die Erfahrung von Verteidigung und Schutz. – Hirte: Bezeichnung für das Erlebnis von Fürsorge, Liebe, Leben und Sinn, ja Obhut. – Licht: Ausdruck von Orientierung und Wegweisung, Ausdruck für erfahrenes Leben und tragfähiges Fundament. – Heil: Bezeichnung für Nähe und Liebe. – Burg: Ausdruck für das Erlebnis von Verteidigung und Schutz.

Die alten Bezeichnungen für Gott in der Heiligen Schrift sind durchweg Kennzeichnung einer Beziehung und einer Erfahrung. Wunderschön wird das vor allem in vielen Psalmen ausgesprochen, also im Gesangbuch und Gebetbuch der Bibel. Der moderne Mensch kann mit diesen alten Worten durchweg wenig anfangen. Das hat viele Gründe, die hier nicht zu erörtern sind. Aber derselbe moderne Mensch könnte doch versuchen, seine Beziehung zu Gott mit heutigen Namen zu kennzeichnen: Gott ist mein Deich! Gott ist meine Wolldecke! Gott ist meine Fernwärme! Gott ist mein Rückgrat! Gott ist mein Depot! Gott ist meine Schutzhütte! Gott ist mein Dynamo! Gott ist mein Akku! – Jeder mag nach eigenen Beziehungsbegriffen suchen und dabei feststellen, dass das sehr schwer ist. Unsere Sprache ist bildarm geworden, unsere Gottesbeziehung ist gestört, unsere Begeisterung ist klein geworden. Die

Gottesbeziehung steht weithin nicht mehr im Mittelpunkt des Lebens. So ist es auch schwer geworden, den Vater-Begriff weiterzuführen. Die Elemente des Vaterbegriffs wie Liebe, Fürsorge, Autorität, Leitbild, Vorbild und Ansehen sind rar geworden. Die weltlichen Väter sind nur blasse Abziehbilder, den weltlichen Müttern geht es nicht viel anders. Aber ich möchte den Gott, an den ich glaube, benennen können, wie z. B. nach dem 1. Johannesbrief mit Liebe. Ich möchte ihn auch anreden können, weil mir alles an einer lebendigen Beziehung liegt. Ich möchte ja gern mit den alten Psalmen singen können; ich möchte auch nur zu gern das geliebte Vaterunser beten, und ich möchte auch in meiner Sprache von Gott reden können, um weiterzusagen, was ich glaube und weiß: Gott ist wunderbar.

Die Stationen des Lebens wie Geburt, Kindheit, Reifung, Bildung, Nestbau, Familie, Gemeinschaft, Beruf, Krankheit, Liebe, Ehe, Leiden, Tod, Terror, Katastrophe, Karriere, Armut, Hunger, Unfall, Arbeitslosigkeit, Gewalt, Glück, Erfüllung, Rauschgift, Mord: Stichworte für den Steckbrief des modernen Menschen, der sich in Heil und Unheil kaum zurechtfindet im Dickicht ethischer Grundfragen und anstehender Entscheidungen. Was hat Gott damit zu tun?

In alter Zeit bestand die Lösung darin, dass man die Götter zuständig machte für das menschliche Schicksal. Alles Gute kommt von oben! Die Redewendung kennen wir heute noch. Gemeint war damit, dass alles Glück, alle Gesundheit, jede gute Ernte, ja, selbst der kriegerische Erfolg oder die Überwindung eines einzelnen Gegners der Gnade und dem Beistand der Götter zuzuschreiben waren. Demgegenüber stand die Figur des Teufels oder des Satans, der die Ursache des Übels, des Argen und des Schreckens war. Mein Respekt gilt wieder einmal den Glaubenden aller Religionen, die so dachten und denken, weil sie so den Versuch unternahmen, Rätsel aufzudecken, Probleme zu lösen, Ängste zu mildern, Ursachen zu klären, Wirkungen einzuordnen. Der Versuch ist aller Ehren wert, aber die Ergebnisse waren und sind schrecklich: Da entstanden Götter, die zuständig waren für das persönliche Ergehen, und der Mensch nahm auf diese Weise das „blinde Schicksal" demütig und tatenlos entgegen. Der Mensch ergab sich seinem Geschick und fand keinen Mut, an den Gegebenheiten etwas zu ändern. Auf diese Weise konnten die Mächtigen aller Jahrhunderte mit dem so religiös erzogenen Menschen nach Belieben verfahren. Sie konnten sich stets auf den Willen der Götter berufen, wie es dann auch Hitler tat, wenn er sich als Werkzeug der göttlichen Vorsehung verstand.

Auf der anderen Seite war dann der Böse zuständig. Rund um die Erde erzählen Geschichten, Mythen und Märchen vom steten Kampf zwischen Gut und Böse. Der einzelne Mensch aber wurde dazwischen zerrieben wie zwischen riesigen Mühlsteinen anonymer Schicksalskräfte. Auch in den Kirchen blieb diese magische Auffassung erhalten, wenn man zum Beispiel für eine reiche Ernte dankt, während überall in der Welt statistisch alle acht Sekunden ein Kind an Hunger stirbt. Oder wenn bei christlichen Trauerfeiern die Formel erscheint: „Es hat Gott, dem Herrn über Leben und Tod, gefallen, unseren Bruder XY aus diesem Leben abzurufen."

Hier ist der Tod der individuelle Sterbebefehl aus göttlicher Allmacht, während gleichzeitig der Nachbar den Verkehrsunfall überlebt hat. Hier entstand die Gottesliebe der Glücklichen, Reichen, Mächtigen und Schönen. Hier entstand dann auch der Gotteshass der Armen, Verzweifelten und Abhängigen, der Zukurzgekommenen und Benachteiligten. Oder aber: Es entstand die gelangweilte und satte Gottesferne der Erfolgreichen und andererseits die dumpfe und sehnsuchtsvolle Ergebenheit der Armen.

Was hier nur angedeutet werden kann, hat aber seine große und lange Geschichte. Insofern tun wir gut daran, wenn wir dieses dualistische Gottesbild verlassen, um befreit durchatmen zu können auf der Suche nach dem wirklichen Gott im Leben.

Auf der Suche nach Gott im Leben breche ich auf zu einer Exkursion in die Heilige Schrift, die einen unendlichen Reichtum an Bekenntnissen birgt.

Dort begegne ich dem Gott, der die Sehnsucht nach Freiheit in die Herzen der Menschen gepflanzt hat. So erzählen die alten Texte vom Wachwerden dieser Sehnsucht, als das Volk in Ägypten versklavt war. Im Erwachen dieser Sehnsucht wächst die Erkenntnis, dass Freiheit ein Geschenk Gottes ist. Im Aufbruch zur Freiheit oder im Ausbruch aus der Gefangenschaft liegt daher das Ja des Menschen zur Mitgift Gottes. Unter der Leitung Moses geschieht dann auch der Freiheitsmarsch und wird zur Erfahrung Gottes im Leben. Die Menschen fühlen sich begleitet und geborgen, umhüllt und verteidigt. Typisch Mensch dann, dass die Ungeduld wächst und die Gier nach einem sichtbaren Gott entsteht, was schließlich zum Goldenen Kalb führt. Der tiefe Sinn der alten Geschichte trifft die heutige Zeit genauso. Ein Martin Luther King war ein Mose unserer Jetztzeit. Auch er berief sich auf das Geschenk Gottes und beantwortete so die erwachte Sehnsucht ungezählter Menschen.

Die Exkursion in die Bibel führt mich zur Abrahams-Geschichte. Das scheinbar von Gott befohlene Sohnes-Opfer ist die Endstation der Geschichte grausamer Gottesbilder. Nun wird die alte magische Praxis, einen Gott durch ein Opfer gnädig stimmen zu wollen, aufgelöst und abgelöst durch die Erkenntnis des Leben spendenden und segnenden Gottes. Abraham wird auf diese Weise zur Schlüsselfigur einer seelischen Reformation. Er, der zum schrecklichen religiösen Kindesmord bereit war, um Gehorsam zu dokumentieren, wird nun zur Segensgestalt für die Zukunft. Das war die Erfahrung Gottes im rettenden Segen.

Weiter führt der Weg in die Josefgeschichte. Als Fremdling, Sklave und Gastarbeiter nach dem Verrat und Verkauf durch seine Brüder erlebt dieser junge Mann die faszinierende Nähe Gottes in Traum und Deutung, im Gewissen und in Verantwortung. Er ist ein tief glaubender Mensch, der Gott an sich heranlässt. Der zweite Gipfel der Geschichte besteht in Toleranz und Vergebung gegenüber den Brüdern. Gott als Spender von Geschwisterlichkeit! Was wäre das für ein Thema. Immerhin hat es der große Philosoph Gabriel Marcel aufgegriffen. Der dritte Gipfel der Josefgeschichte ist der Augenblick, als der alte Vater Jakob dem ägyptischen Pharao gegenübersteht. Zwei Männer mit unterschiedlicher Herkunft, unterschiedlichem Rang, unterschiedlicher Bildung, unterschiedlicher Religion, unterschiedlicher Sprache und Nationalität! Da geschieht so etwas wie ein Wunder: Jakob segnet den Pharao! Gottes Wirkung als Überbrückung der Unterschiede auf dem Weg zum Frieden.

Oder denken wir an die berühmte Geschichte vom salomonischen Urteil, in dem der König das Kind der Frau zuspricht, die die größere Liebe hat. Größere Liebe aber hat immer der Mensch, dem es um das Leben geht und nicht um Besitz. Hier hat sich also ein Herrscher in die Weisheit Gottes hinein gehorcht und hinein geglaubt: Gottes Wahrheit führt zu Gott im Recht.

Ähnlich berührt uns die Geschichte von Nathan, dem Weisen, der aus seinem Glauben den Mut oder die Zivilcourage bezieht, seinem König David die Augen und das Gewissen zu öffnen. Gott zeigt Wirkung durch eine kleine Fabel, und der König wählt einen guten neuen Weg. Gott wird erfahrbar im Leben eines Menschen, und die Folgen betreffen ein ganzes Land.

Oder wer würde nicht den Regenbogen bewundern?! Unter ihm taucht die Noah-Geschichte auf, als die Arche gebaut wurde, um Leben zu retten gegen die Urfluten der Vernichtung.

Eigentlich ist es die Geschichte vom Friedensbund Gottes mit den Menschen, denn gemeint ist der Kriegsbogen, der in die „Waffenkammer" des Himmels zurückgestellt wird, ein stets wiederkehrendes Zeichen für den liebenden Gott.

Diese großen Geschichten aus dem Alten Testament sind nur Beispiele und Anrisse für die Erkenntnis des anwesenden Gottes im Leben von Menschen, die Gott anwesend sein lassen und sich als Werkzeug für seine Wirkungen zur Verfügung stellen.

Das Neue Testament blättert nun auch ein neues Kapitel der Geschichte Gottes mit seinen Menschen auf. Gott im Kind. Die Weihnachtsgeschichte erzählt von den Weisen aus dem Morgenland, die Gott in diesem Kind begreifen. Gott macht sich klein in seiner Größe, und die Hirten erkennen das genauso. Hier treffen wir den anbetungswürdigen Gott, der sich so tief neigt, dass er dem Menschen zum Verwechseln ähnlich wird.

Wie ein Cantus firmus durchzieht dieses Motiv das Neue Testament, wenn Jesus aus Nazareth den Satan aus seiner Macht verabschiedet oder den Aussätzigen hilft oder die Jünger beruft oder die Sünderin befreit oder einem Blinden die Augen öffnet oder in seinen Geschichten stets die Kunde vom liebenden Vater und nahen Gott verbreitet. Alles fügt sich zusammen zu einem einzigen Aufruf zum Leben vor und mit Gott, damit das Leben tragfähig wird, Sinn bezieht, Zukunft hat und eines Tages einmündet in die Ewigkeit, in den endgültigen Gottesumschluss, der von der Vergebung geprägt und von Ostern besiegelt ist.

Auf der Suche nach dem im Leben wirken-
den Gott konnten wir hier nur Beispielge-
schichten aufrufen, die neugierig machen
sollen, um aus den Gottesbildern heraus in
die Gottesnähe zu finden. Insgesamt bietet
die Bibel eine Fülle sehr unterschiedlicher
Erfahrungen mit Gott im Leben. Immer aber
bleibt dabei Gott der Offene, Unfassliche,
Unbegreifliche, Unverständliche und doch
in seinen Wirkungen der Nahe, Erfahrbare,
Überraschende, Leben spendende, Beglei-
tende, Richtungweisende und Gnädige. Die
Gotteserzähler und Zeitzeugen von damals
betten ihre Glaubenseinsichten und Lebens-
erfahrungen in das Sprachgewand und in die
Denkbilder ihrer Zeit. Das ist kostbar und
ehrwürdig und sollte uns ermutigen, unsere
Glaubenserfahrungen mit Gott in unsere
Denkbilder und in das Sprachgewand unserer
Zeit zu hüllen. Die eine Grunderkenntnis
bleibt dabei unbeschädigt erhalten: Gott ist
wunderbar.

Sagen wir das alte Glaubensbekenntnis der
Christenheit einmal neu:

MEIN GOTT,
ich,
dein Mensch,
ich glaube an dich;
ich vertraue dir.
Für mich bist du der Architekt all dessen,
was ist;
der Spender des Lebens,
der Initiator des Seins.
Mit meinen Liedern will ich
deine bunte Schöpfung besingen;
mit meinen Worten will ich
von deiner Wahrheit erzählen;
mit meiner Seele will ich
meinen Glauben bewahren.
Mein Gott,
dir allein kommt alle Ehre zu.

Das habe ich erkannt,
weil meine Bibel von Bethlehem erzählt,
als das Kind geboren wurde,
das solch große Bedeutung
für Maria und Josef hatte
und für die ganze Welt;
als die Hirten kamen, deren Erkenntnis
in Begeisterung umschlug;

als die Weisen von fern kamen,
deren Erwartung
sich in Andacht verwandelte.
Jesus aus Nazareth,
den man bald deinen Sohn nannte,
deine rechte Hand,
deinen Bevollmächtigten.
Angeklagt und verurteilt wurde er,
weil er konsequent deine Wahrheit lebte
und so zum Anfänger und Vollender
des Glaubens wurde.
Hingerichtet wurde er
aus religiösen und politischen Gründen
unter dem Römer Pontius Pilatus.
Aber du hast ihn zu dir geholt,
in das neue Leben berufen.
Deshalb sehe ich in ihm
den Maßstab für Lebende und Tote
und trage gern seinen Namen
durch meine Taufe,
weil ich ihm mein Leben widmen will.

Ich bin überzeugt davon,
mein Gott,
dass deine wirkende Kraft weiter geht.
Und überzeugt bin ich auch,

dass die weltweite Gemeinschaft
der Glaubenden und Getauften
trotz all ihrer Schwächen,
Gräueltaten und Unzulänglichkeiten
den großen Auftrag hat,
den Glauben zu verkündigen
und zu fördern,
Abendmahl zu feiern
und Vergebung zu praktizieren,
Versöhnung und Frieden auszustrahlen,
weil der Tod nicht das letzte Wort hat;
denn du hast gesagt:
Siehe, ich mache alles neu.

Das ist mein Glaubensbekenntnis, und ich
hoffe, dass Gott es mir abnimmt und andere
Menschen sich in ihm aufhalten können.

GOTT IM BEKENNTNIS

Alle Bekenntnisse haben etwas gemeinsam: Farbe bekennen, Standpunkt beziehen, das Innerste nach außen kehren, Flagge zeigen, Stellung nehmen, Position beziehen.

Das ist so beim Fußballverein, bei der Partei, bei der Firma, bei einer Ideologie, bei einem Kochrezept und natürlich bei Religion und Kirche. Die Frage heißt: Wofür stehe ich ein, und wofür stehe ich gerade? Wann fällt meine Maske? Da gibt es Plakate, Demonstrationen, Aufmärsche, Werbung, Hinweise, Logos, Aufkleber, Versammlungen, Luftballons mit Anhänger, Liebeserklärungen und Liebesschwüre. Die Welt der Bekenntnisse ist inzwischen eine Breitwandveranstaltung geworden: Man will werben, verkaufen, vermitteln, überreden, überzeugen, übertrumpfen, verdienen, abzocken, aus dem Rennen werfen, Plätze sichern, Eindruck schinden und dergleichen mehr.

Achtung! Christ! Kirche! Religion! Wo kommst du in der Aufzählung vor? Jedenfalls kommt Gott da nicht vor! Gott im Bekenntnis?! Das kann zur platten Anbiederung werden: „Gott liebt dich!", das steht dann auf einer riesigen Gummiente am Strand von Eckernförde.

Reden wir also von Gott im Bekenntnis meines Glaubens. Ob Gott in meinem Bekenntnis vorkommt oder gar wirkt, hängt sicher von einigen Faktoren ab:

1. Ist mein Bekenntnis ehrlich? Will ich mich also wirklich nur zu Gott bekennen? Ohne jede Eitelkeit, ohne jede Selbstgefälligkeit, ohne Angeberei, ohne religiösen Egoismus?

2. Ist mein Bekenntnis glaubwürdig? Stimmt seine Substanz? Stimmen seine Aussagen? Stimme ich mit meinen Aussagen überein? Decke ich mein Bekenntnis ab mit Herz, Mund und Händen?

3. Gibt mein Bekenntnis verlässliche Auskunft für andere? Ist mein Bekenntnis also auch eine verständliche Auskunft? Denn was nützt ein Bekenntnis, das Inhalte verschließt und verriegelt?

4. Entspringt mein Bekenntnis auch tatsächlich meiner innersten Überzeugung? Kann ich mein Bekenntnis zeigen in Verbin-

dung mit allen meinen Kräften: Gewissen, Gefühl, Vernunft? Mit Geist, Leib und Seele also?

So wird mein Bekenntnis ein Ausdruck vom Eindruck Gottes. Dadurch kann es auch beeindruckend für andere werden, wenn ich frei bleibe von jeder Eitelkeit. Dann wird mein Bekenntnis auch nicht bedrückend oder erdrückend für andere. Ein solches Bekenntnis bleibt frei und lässt frei und wirkt gleichzeitig wie eine fröhliche Einladung mit ausgebreiteten Armen.

Ich bin überzeugt, dass ein solches Bekenntnis in Wort und Tat dann auch Gott zu Besuch haben wird, weil es die Erkenntnis ausstrahlt: Gott ist wunderbar.

GOTT IM GEBET

Rund um unsere Erde wird seit Menschengedenken gebetet. Allein schon diese Auskunft wäre ein einziges Plädoyer für das Beten. Aber Gott lässt sich nicht ganz so einfach ins Gebet nehmen; denn viele unserer Gebete haben einen Beigeschmack: Selbstgespräch, Wunschdenken, Erfüllungssicherheit, Selbstdarstellung, Pädagogik, Automatik, Routine und Vielrederei. In seiner Bergpredigt warnt Jesus ausdrücklich vor solchem Gebetsirrtum.

Das Grundmotiv des Betens ist nur zu verständlich: Das Geschöpf möchte Verbindung mit dem Schöpfer aufnehmen. Wie ein Kind Verbindung mit den Eltern aufnimmt und Kommunikation lernt im Austausch von Gesten, Gebärden, Worten, Gefühlen, Zeichen, Gesängen und Spielen, so will der Mensch nur zu gern solche Kommunikation mit seinem Gott haben. Diese Sehnsucht nach Kommunikation wurzelt in den unterschiedlichsten Situationen: im Glück, im Erfolg, im Überschwang, in der Hoffnung, in der Angst, in der Krankheit, im Krieg, in Hunger und

Durst, in der Trauer, kurzum: in allem, was Menschen erleben im Leben und durchdenken im Denken und verstehen im Verstand und wissen im Gewissen und fühlen im Gefühl. Alle diese Elemente haben ihr Recht, buchstäblich ins Gebet genommen zu werden. Vor Gott ist restlos alles aussprechbar, mit Gott ist alles durchsprechbar, nichts ist zu vornehm oder zu abstrakt, nichts ist zu kümmerlich oder banal.

Der betende Mensch kann stottern und stammeln, schreien und jubeln, heulen und lachen; es gibt keine Sprachvorschrift, es gibt überhaupt keine Bedingung: Gott ist offen für jedes Gebet. Es fragt sich aber, ob auch jedes Gebet offen ist für Gott? Offenheit für Gott: Das bedeutet Preisgabe, Hingabe, Uneingeschränktheit, Beichte, Anlehnung, Voraussetzungslosigkeit. Die innere Haltung des betenden Menschen heißt dann: Mein Gott, ich bin dein Mensch! Ich suche dich, ich liebe dich, ich höre auf dich, ich vertraue dir, ich vertraue mich dir an, ich vertraue dir alles von mir an!

Auf dieser inneren Grundlage, die mich ja befreit von allem, was zum Hindernis werden könnte, schaffe ich die Offenheit, die Gott willkommen heißt in mir. Gebetshaltungen können hier sehr helfen, Räume und feste Formen können auch helfen. Dennoch: Das ehrliche Gebet reicht vom Stoßseufzer über die leise Bitte hin zu großen Gesängen und feierlichen Liturgien. Das einzelne Gebet ist aber stets nur ein Signal für die gesamte innere Haltung. Ein besonderes Gebetsleben sollte es nicht geben, aber ein Leben im Gebet. Ein Beter, der sich leer räumt, bietet Gott ein Zuhause. Dann lässt sich in der Tat alles aussprechen, aber ich werde von Gott nicht die Erfüllung meiner Weihnachtswünsche erwarten. Ich erbitte von ihm die Kräfte, die ich für meine Entscheidungen brauche, die mich in meiner Angst tragen, die mich in meiner Not behüten und stärken, die mich von meinen Lasten befreien und mich in meinem Glück in den Dank führen. In solchen Gebeten ist Gott mitten drin, er ist bei mir; er nimmt mich in Obhut, er ist anwesend, er ist da: Gott ist gegenwärtig! In jeder Hinsicht ist und bleibt das Vaterunser das gültige Modell für Beter und Gebete. Es schließt nicht umsonst: „Denn dein ist das Reich und die Kraft und die Herrlichkeit in Ewigkeit." Amen.

GOTT IM GEBOT

Da stieg also einer, den wir Moses nennen, auf den Berg, um sich die Gebote zu holen. Das war vor etwa 3.300 Jahren. In der Nähe einer Felsenmispel, in tiefster Einsamkeit und Stille, ohne Ablenkung und Lärm horchte er sich in Gott hinein. Auf diese Weise erkannte er Gottes Gebieten in seinen Geboten, die er zu seinem Volk brachte als neue Ethik. Wir Heutigen leben immer noch mit und von dieser Ethik. Ethik ist ja das Freiheitsangebot für ein verbindliches und verantwortliches Leben. Ethik ist die bewusste Einbindung des Menschen in die sinnvolle Verwaltung des Lebens und der Welt. Nichts für Leisetreter und Scheuklappenträger, nichts für Menschen, die ohne Ehrfurcht leben. So überrascht es auch nicht, dass die Zehn Gebote Weltgeltung bekamen und sich bis in das Bürgerliche Gesetzbuch auswirken. Dennoch wären die Gebote nichts anderes als ein Gesetz für die Wüste, wenn da nicht die Anbindung an den Glauben wäre. „Ich bin der Herr, dein Gott, der dich aus der Gefangenschaft in die Freiheit führte." Ein Vorspruch ist es, eine Art Präambel, die klar stellt, dass alles Leben und alle Freiheit von Gott kommen. Die Gebote sind Lebenseinsichten und Lebenserkenntnisse, die Schutz und Obhut im Sinne Gottes regeln wie Ampeln gegen den Crash, wie eine Mauer zum Schutz, wie eine Einfriedung gegen Weideraub, wie eine Doppelverglasung gegen Frost.

Die alte Einsicht, die Mose mitbrachte, hieß also: Wer an diesen Gott glaubt, der wird seinen Namen in Ehren halten, der wird nicht anderes anhimmeln, der wird den Feiertag heiligen, der wird nicht töten, nicht ehebrechen, nicht stehlen; der wird Ehrfurcht haben vor dem Leben anderer und vor dem Eigentum.

Das Einhalten der Gebote ist eine Folge des Glaubens, nicht eine Bedingung. Anders gesagt: Ein Leben in Ehrfurcht ergibt sich aus der Erkenntnis des Glaubens. Damit verlieren die Zehn Gebote ihre Bedrohlichkeit und gewinnen den heiligen Charme einer Erlaubnis. Sie verlieren den Charakter des Gesetzlichen und atmen die Luft der Befreiung. So erst sind die Gebote randvoll gefüllt mit der Kraft Gottes, und wer sich in sie einlebt, wird diese Kraft spüren. Man kann demzufolge die Gebote nicht ohne ihren Spender haben. Aber umgekehrt stimmt es auch: Man kann den Spender des Lebens nicht ohne die Gebote erleben. Deswegen legt Jesus aus Nazareth auch so viel Wert darauf, dass die Menschen erkennen: Mit ihm sind die Gebote nicht erledigt, sondern erfüllt.

Gott im Gebot! Das galt für die Wüstenwanderung eines ganzen Volkes; das gilt für die Wanderung des Menschen durchs Leben; das gilt für die Wege unserer heutigen Gesellschaften und Politik. Wo das nicht geschieht, werden goldene Kälber gegossen, und der Tanz um Macht und Gewalt feiert fröhliche Urständ.

kürzen

Im Grunde ist der Glaube schon Thema aller bisherigen Kapitel. Aber Gott im Glauben?

Glaube ist die Idee Gottes. Glaube ist Gottes Mitgift an den Menschen. Wie schon früher gesagt: Glaube ist die Antwort des Menschen auf die Anziehungskraft Gottes. Glaube ist die Einstellung der Seele auf Gott, wie die Kompassnadel immer eingenordet ist. Glaube ist die Reaktion des Menschen auf das Magnetfeld der Liebe Gottes. Glaube ist Gottes Geschenk.

Dabei bleibt die Frage, ob der Mensch bereit ist, dieses Geschenk auszupacken und anzunehmen. Es bleibt auch die Frage, wie der Mensch mit diesem Geschenk umgeht. Es bleibt daher bei der Grundfrage, ob der Mensch bereit ist, sich auf Gott einzustellen.

Aber eben: Glaube ist die Idee Gottes, die er dem Menschen von Anfang an zukommen ließ. Wenn wir uns darauf verstehen können, dass der Glaube die Idee und das Geschenk Gottes ist, dann ist Gott unmittelbar im Glauben da. Solch ein Glaube kann oft lange schlafen wie ein Samenkorn in der Wüste; der Augenblick des Erwachens ist kostbar, ist wie die Entdeckung eines Schatzes oder einer Perle, wie es im Gleichnis heißt. Glaube ist dann für den Menschen die Entdeckung der Verliebtheit in Gott, wie auch Menschen ihre Liebe entdecken. Doch jede Liebe braucht Räume, Verabredungen, Geheimnisse, Bekenntnisse, Wiederholungen, Geschenke, Riten, Rituale. Jede Liebe braucht Trost, Grenzen, Behutsamkeiten, braucht Neugier, Scham und Tabus, braucht Nachsicht, Rücksicht und Vergebung; jede Liebe braucht Heiterkeit und Trauer, jede Liebe kennt Angst und Sorge, Hoffnung und Ziele, Gespräche und Schweigen, ja auch Verschwiegenheit.

Sicher ist dies zunächst nichts anderes als eine Liste. Aber jeder wird sofort verstehen, was hiermit gleichnishaft gemeint ist: Der Glaube braucht grundsätzlich dasselbe, wenn er mit Gott im Leben und im Tod leben will. Wie auch die Liebe in den genannten Erlebniszonen zu ihrem Alltag findet, findet auch der Glaube zu seinem Alltag, den er allerdings als Fest des Lebens mit Gott in Dankbarkeit feiert. Doch der Alltag des Glaubens bewegt sich im menschlichen Bereich, weil der Mensch nicht ohne Sprache, Riten, Begehungen und Verabredungen auskommt. In dem Augenblick, in dem der Glaube in seinen Alltag einmündet, beginnt die Geschichte der Religion, der Unterschiede, der Gewänder, der Konfessionen und der Kirchen.

Dann wird es oft schwer, im Dickicht und Gestöber der Meinungen den Glauben wieder zu entdecken. Das bedeutet: Wir müssen täglich neu aus dem Ei der Taufe kriechen, wie Luther es nennt. Doch es bleibt dabei: Gott im Glauben? Das ist sein ursprüngliches Zuhause.

GOTT IM ZWEIFEL

Zweifel ist die Ungewissheit des Glaubens. Dramatischer Zweifel führt an und in die Ungewissheit der Existenz. Descartes sagt zwar: dubito, ergo cogito, cogito, ergo sum: Ich zweifle, also denke ich, ich denke, also bin ich. Hier wird das menschliche Leben auf das Denken reduziert. Das kann doch nicht sein und entspricht zumindest nicht dem christlichen Glauben. Der Mensch ist mehr, wie es in der Bergpredigt heißt: Seid ihr denn nicht viel mehr als sie?

Viele Gestalten der Bibel zweifeln: Abraham zweifelt daran, dass er einen Sohn bekommen soll mit seiner Frau Sarah. Er zweifelt an Gott. Mose zweifelt daran, dass er für den großen Auftrag zur Freiheit geeignet sein könnte. Er zweifelt an Gott. Amos zweifelt daran, dass er zum Propheten berufen sein könnte. Er zweifelt an Gott. Aaron zweifelt daran, dass Mose zurückkommen könnte. Er lässt das Kalb gießen. Er zweifelt an Gott. Die Frau Hiobs zweifelt daran, dass ihr Geschick noch Glauben rechtfertigt. Sie zweifelt an Gott. Die Jünger im Boot auf dem See zweifeln daran, dass Rettung und Bewahrung möglich sein können. Sie zweifeln an Gott. Nikodemus zweifelt daran, dass ein Mensch von neuem geboren werden könnte. Er zweifelt an Gott. Thomas zweifelt daran, dass er dem lebendigen Christus begegnet. Er zweifelt an Gott. Die Jünger zweifeln daran, dass ihr großer Auftrag weitergeht. Sie zweifeln an Gott. Jesus selbst zweifelt am Kreuz daran, dass Gott bei ihm ist: Mein Gott, mein Gott, warum hast du mich verlassen?

Der Zweifel ist offenbar im Menschen angelegt. Er gehört zu seiner Ausstattung. Zweifel entsteht an der Undurchschaubarkeit, an der Unbeweisbarkeit, an der Offenheit, an der Undurchsichtigkeit, Zweifel entsteht am Dunkel und am Unverständlichen. Zweifel entsteht an Gott. Der Mensch in seiner Kleinheit und Unzulänglichkeit ist darauf aus, immer das Ganze verstehen zu wollen: die ganzen Zusammenhänge, die ganzen Hintergründe, die ganze Wahrheit. Da ihm dies nicht gelingt und nicht gelingen kann, wird aus seinen Fragen bohrender und quälender

Zweifel. Damit zweifelt sich der Glaubende an Gott heran und in Gott hinein. So war es bei Thomas. So gehört der Zweifel zum Wesen des Glaubens. Ich bin davon überzeugt, dass Gott uns den Zweifel nicht übel nimmt. Er nimmt ihn ernst, nimmt ihn auf, übernimmt ihn und entlastet mich. Gott ist wesentlich auch im Zweifel und ganz gewiss bei jedem Zweifler.

Sucht sich der Zweifel allerdings nicht diesen Weg, dann kann er zur kalten Waffe werden. Er kann den Menschen in den Abgrund der Angst treiben. Wenn ein Mensch den Zweifel zum Prinzip erhebt, wird er am Zweifel verzweifeln. Verzweiflung aber heißt Hoffnungslosigkeit. Hieraus erwachsen all die schrecklichen Folgen, die Menschen in die Sucht, in die Abhängigkeit und sogar in den Tod treiben.

Gott im Zweifel? Sagen wir es im Wortspiel: Im Zweifel mit Gott, denn hier gibt er sich zu erkennen.

GOTT IN DER SCHÖPFUNG

Wer Schöpfung sagt, bekennt sich zum Schöpfer, bekennt sich zu Gott, der das Leben und alles, was ist, auf den Weg gebracht hat, zusammen mit all den angelegten Möglichkeiten zur weiteren Entwicklung. Gott in der Schöpfung? Ich kenne keinen schöneren Text als den bei Jesus Sirach im 43. Kapitel, hier in der Sprache unserer Zeit:

Meine Augen können sich nicht satt
trinken an den Wundern der Schöpfung.
Über uns glänzt das Firmament
in seiner ganzen Pracht.
Milchstraße und Gestirne
bieten ein wundervolles Gemälde.
Die Sonne steigt aus dem Meer
und ruft zum neuen Tag.
Sie ist ein Wunderwerk der Schöpfung.
Wenn sie im Zenit steht,
versengt sie den Boden.
Wer könnte ihre Glut aushalten?!
Schon ein Schmiedefeuer

bringt Eisen zum Glühen.
Um ein Vielfaches mehr durchglüht
die Sonne die Berge;
sengende Hitze verbreitet sie
und blendet die Augen.
Unergründlich ist die Hoheit des Schöpfers,
der sie gemacht
und ihr ihre Gesetze gegeben hat.

Auch der Mond erhielt seine Bestimmung
vom Schöpfer,
zieht seine Bahn, setzt Zeichen und Zeiten.
Nach den großen Gestirnen
berechnet der Mensch die Zeit.
Der Mond nimmt ab, der Mond nimmt zu,
er gab dem Monat seinen Namen.
Wie eine himmlische Standarte
wirkt er bei Nacht.
Die Sterne sind ein Schmuck am Himmel
für unser Auge,
sie sind ein leuchtendes Mosaik
am Firmament.
Vom Schöpfer erhielten sie ihre Weisung
und ziehen ihre Bahn im All über der Welt
wie leuchtende Wächter.
Sieh dir den Regenbogen an

und denk an den, der ihn geschaffen hat
in seinen schönen Farben.
Der Schöpfer hat ihn entworfen
und über den Himmel gespannt.
Er hat den Schnee
und das Gewitter geschaffen,
er hat den Wolken bestimmt, sich zu öffnen;
er hat den Vogelflug bestimmt;
der Hagel fällt in seinem Auftrag.
Donner ist Ausdruck seines Willens,
und Gebirge geben ihm Echo.

Die Winde und Stürme
gehorchen seinen Gesetzen:
Wunder der Schöpfung!
Besonders der Schnee,
der die Augen täuscht mit seinem Glanz,
so dass die Seele staunt.
Oft schmückt der Schöpfer das Land
mit einer winterlichen Reifdecke,
die wie Salz glänzt
und frostige Spitzen bekommt.
Eisiger Wind aus dem Norden
lässt die Gewässer erstarren;
wo er weht, legt er dem Wasser
eine gläserne Rüstung an.

Hoch im Gebirge erlischt das Leben
unter eisigem Hauch.
Kälte und Hitze
gehorchen den Geboten des Schöpfers.
Er lässt die Hochebenen austrocknen,
er lässt das Grün gelb werden.
Nebel und Tau
bringen wieder Erquickung.

Gott, der Schöpfer, gebot
den Meeresfluten Einhalt,
und Inseln entstanden,
als seien sie in die Wasser gesät.
Seeleute können viel erzählen,
auch von den Gefahren,
aber ebenso von den Überraschungen,
die uns staunen lassen:
allein die Vielfalt, der Artenreichtum
kleiner und großer Tiere, die sich alle
nach seiner Bestimmung richten.
Sein Schöpferwort liegt in allen
wie eine Kompassnadel.
Wir können, so viel wir wollen,
beschreiben, schildern, erzählen:
Unsere Sprache und unser
Fassungsvermögen reichen für den

Reichtum der Schöpfung nicht aus.
Wenn wir mit unserer Bewunderung bis
über die Wolken reichen –
es reicht eben nicht.
Gott ist größer als alle Größe.
Demut und Ehrfurcht stehen uns gut an
vor seiner Macht und Hoheit.
Lobt Gott in höchsten Tönen
und bestaunt sein Werk über alle Maßen.
Er bleibt immer höher und unermesslich.
Singt ihm neue Lieder mit aller
Begeisterung und mit allen Stimmen.
In ihm ruht das ewige
Leitmotiv des Lebens.
Niemand hat Gott je gesehen; denn alles,
was ich erkenne, muss kleiner sein
als mein Verstand. Gott ist größer.
Und doch: In allem, was ich sehe,
erkenne ich Gott.
Der unendlich größere Teil
von Leben und Sein bleibt Geheimnis.
Alles Leben, alle Dinge
haben ihre Herkunft auch über
die Stationen der Entwicklung von Gott.
Die Ehrfurcht vor Gott verleiht dem,
der glaubt, Besonnenheit und Einsicht.

Gedanken und Erkenntnisse, die 2200 Jahre alt sind. Mit dem Wissen der damaligen Zeit bringt der Verfasser das Thema Gott in der Schöpfung in poetische Sprache.

Was würde das für den Klimagipfel der heutigen Zeit bedeuten! Oder für den Umgang mit den Tropenwäldern! Oder für den Umgang mit der Kreatur! Und für den Umgang zwischen den Menschen?!

Jede Krankheit ist eine Bedrohung. Ob Ziegenpeter oder Grippe, ob Keuchhusten oder Scharlach, ob Masern, ob Lungenentzündung oder Beinbruch, ob Herzinfarkt oder Aids, ob Krebs oder Magengeschwür, ob Tumor oder Blinddarmentzündung: Alle kleinen und großen Krankheiten sind eine Bedrohung. Manche erreichen den Rang einer Seuche, andere bleiben im kleinen Rahmen; einige bezeichnet man als Kinderkrankheiten, andere sind lebensbedrohend und führen zum Tode. Allergien und Süchte kommen in der Neuzeit hinzu. Krankheit empfindet der Mensch als Vorhof zum Tod. Ängste spielen eine große Rolle, ärztliche Kunst ist gefragt wie nie zuvor. Kommerz und Sehnsucht drehen sich um Heil und Heilung.

In alter Zeit begriff man die Krankheit als Zufügung der Gottheit, als Prüfung oder Strafe, jedenfalls als Ausdruck des göttlichen Willens. Gott – zuständig für Krankheit? Krankheit: Ergebnis von Schuld? Das ist eine entsetzliche Vorstellung. Nein, Gott steht nicht hinter der Krankheit, Gott infiziert nicht mit einem Bazillus, Gott ist nicht der Verursacher von Missgeschick oder Wohlergehen des Menschen. Damit entfällt jedes Recht, Gott für das Ereignis der Krankheit und das Leiden des Menschen zuständig zu machen, und es entfällt jeder Grund, Gott für die Gesundheit und für das Wohlergehen zu danken. Vorsicht, lieber Leser, dieser Gedanke steht erst am Anfang.

Was wäre es nämlich für ein Gott, der sich sozusagen materiell, in diesem Sinne körperlich an den Menschen binden würde? Es wäre ein beliebiger Gott, einer, der sich den Applaus des Menschen herstellt, indem er den Menschen wohltätig beschenkt, oder aber einer, der seine göttliche Pädagogik am leidenden Menschen testet.

Wie gesagt: Es gibt Menschen, die diese religiös-magischen Koordinaten brauchen, um einerseits mit Gott und andererseits mit dem persönlichen Ergehen fertig werden zu können. Ich stelle auch gar nicht in Abrede, dass solches Denken im Einzelfall hilft und Trost oder Beruhigung bringt. Nur: Es ist nicht ehrlich und schon gar nicht fromm. Menschen-

schicksal ist zuallererst kreatürliches Schicksal. So wie niemand darauf kommen würde,
die Hufkrankheit eines Wildesels als Ausdruck göttlicher Willensentscheidung zu wer-
ten, so darf auch niemand darauf kommen, so
etwas auf den Menschen zu übertragen.

Krankheit ist die Folge grundsätzlicher
Anfälligkeit all dessen, was lebt und stirbt;
Krankheit ist oft genug Folge unglücklicher
Zufälle; Krankheit ist auch oft die Folge
schuldhaften Verhaltens des Menschen;
Krankheit ist auch oft eine Folge perfider
Rachegelüste oder terroristischer Anschläge;
Krankheit ist auch oft das Ergebnis einer lan-
gen Erbgeschichte; Krankheit ist auch oft die
Folge des unvorsichtigen Umgangs mit den
Möglichkeiten von Welt und Technik; Krank-
heit ist auch oft die Folge menschlicher Un-
zulänglichkeiten; Krankheit ist auch oft die
Folge zivilisatorischer Fehlentwicklung. Und
Krankheit ist auch oft die Folge verbreche-
rischen Verhaltens des Menschen; Krankheit
ist oft die Folge mangelnder Hygiene. Viele,
sehr viele andere Aspekte ließen sich nennen.
Es reicht. Krankheit gehört zur Geschichte
des Menschen. Es ist eine bedrückende Ge-

schichte, weil sie den Einzelnen trifft, weil sie den Einzelnen in die Angst und gar in die Verzweiflung treibt. Behinderungen treiben den Betroffenen nur zu oft in die Abhängigkeit und Isolation; Operationsergebnisse und Krankheitsfolgen haben oft das Ergebnis, dass der Betroffene gemieden wird oder angewiesen ist auf fremde Hilfe, und das oft ein Leben lang.

Nein, Gott steht nicht dahinter! Niemals! Aber Gott ist mitten drin! Gott ist nicht die Ursache, aber Gott begleitet. Diese Einsicht ist nicht theoretisch, sondern höchst vital, also lebensbezogen.

Wenn ich glaube, dann ist Gott Teilhaber meines Lebens, und er will es ja auch sein. Wenn ich glaube, dann ist Gott Teilgeber meines Lebens, und er will es ja auch sein. Wenn ich glaube, dann ist Gott Teilnehmer meines Lebens, und er will es ja auch sein.

Dann weiß und bekenne ich: Gott verursacht die Krankheit nicht, Gott rettet nicht vor der Krankheit, aber Gott rettet in der Krankheit, indem er mein Leben mit Würde versieht, indem er Kräfte für mich bereitstellt, wie ich es niemals vermutet habe, indem er mich segnet, wie ich es niemals ahnte. Ob das einem Kranken hilft? Und ob es hilft! Aber oft genug bedarf es der Zuwendung durch Menschen; durch Menschen, die eine Kerze entzünden, durch Menschen, die die Treue halten und aufopfernd pflegen; durch Menschen, die das Abendmahl reichen oder gute Worte finden; durch Menschen, die dem Kranken danken dafür, dass er ihnen vertraut und so viel zumutet; durch Menschen, die die Hand halten oder die Stirn küssen; durch Menschen, die menschlich sind; durch Menschen, die sich nicht ekeln oder Abscheu empfinden; durch Menschen, die ein Lied singen oder ein Gebet sprechen.

So ist Gott mitten in der Krankheit, mitten im Leiden, mitten in der Angst und mitten in der Hoffnung. Ein guter Arzt wird das wissen und in Bescheidenheit Gott den Vorrang einräumen. Ein guter Freund wird das wissen und in Bescheidenheit seine Zeit verschenken.

Und in allen Krankheiten, bei denen Menschen Menschen Unheil zufügen, wird Gott da sein, wie er immer da ist, wo gelitten wird, ganz dicht und ganz nah. Das alles mindert nicht die Schmerzen und beantwortet nicht die Fragen; dies alles ersetzt nicht das ärztliche Bemühen und schmälert nicht die menschliche Angst; aber dies, nämlich der Glaube, bettet ein in die Obhut Gottes und erklärt den leidenden Menschen zum Segensträger Gottes. In der Krankheit? Wo denn sonst? Zumal er auch ein Gott ist, der am Kreuz gelitten hat!

GOTT IM TOD

Ich übertrage den 90. Psalm in meine
Sprache:

Gott, du bietest uns Geborgenheit
durch und durch.
Ehe die Schöpfung ins Leben kam,
ehe die Welt und das Weltall entstanden,
lebst du, Gott,
durch alle Zeiten ohne Ende.
An unserem Lebensende steht der Tod.
Du sagst: Kommt zurück,
meine Menschenkinder.

Ein Menschenleben ist vor dir
wie ein Tropfen im Meer,
viele Jahre sind da nur
wie ein winziger Augenblick.
Unsere Zeit verrinnt wie Sand in der Hand;
wir sind wie eine Blume,
die morgens schön blüht,
am Abend aber schon welk wird.
Wie ein Fluss mit viel Geröll
an seine Mündung kommt,
so erreichen wir unser Lebensziel

mit viel Last.
Deswegen hast du bestimmt,
dass alles Leben einmal stirbt.
Viel Zeit verbringen wir mit Unsinn
und läppischen Dingen.
Wir sprechen schon von einem langen Leben,
wenn wir achtzig Jahre alt werden.
Wir geben uns Mühe
und machen uns viel Arbeit.
Das soll dann das Schöne
am Leben gewesen sein?!
Es geht so schnell vorbei,
als würde der Wind die Zeit verwehen.

Lass uns daran denken, dass unser Leben
ein Ende hat, damit wir einsichtig werden.
Beschenke uns täglich mit deiner Liebe,
damit wir unser Leben erfüllen können
mit Dankbarkeit.
Befreie uns von der Angst vor dem Sterben
und zeige uns die Wunder aus deiner Hand,
damit auch Kinder schon lernen,
wie gut du bist.
Herr Gott, sei dicht bei uns
und begleite unseren Alltag
mit deinem Segen.

Der Mensch verweigert das Sterben, so lange es irgend geht, weil er das Leben liebt, weil er am Leben hängt, weil es seine Mitgift ist, leben zu wollen. Der Mensch ersehnt das Sterben, wenn das Leben rund und satt ist, wenn es ganz natürlich, wie wir sagen, zu Ende geht. Aber der Mensch ersehnt das Sterben auch, wenn das Leben unerträglich geworden ist, die Angst und die Schmerzen nicht mehr zu besiegen sind, wenn das Leben keinen Sinn mehr zu haben scheint. Sollten wir in diesen Sätzen nicht doch besser das Wort Sterben durch Tod ersetzen? Denn vor dem Sterben ist jede Kreatur auf der Flucht, in Panik oft oder auch mit Schläue. Der Mensch jedoch kann sich das alles bewusst machen, er kann nachdenken, grübeln, sich mitteilen, er kann weinen, beten, hoffen, meditieren. Vermutlich kann das Tier dies nicht. Bei uns Menschen kommt ja noch etwas Wichtiges hinzu: Abschied nehmen, und zwar nicht nur vom eigenen Leben, sondern von der Beziehung zu Menschen.

Trauer und Traurigkeit spielen stark mit hinein und führen letztlich zu der Frage: Wo geht es denn hin? Oder ist mit dem Ende des

Lebens eben alles zu Ende: aus, Schluss, das war's!? Wie schon angedeutet, sind in den Religionen der Welt großartige, aber teilweise auch seltsame Vorstellungen entstanden. Nur als Beispiel: die vom Paradies, im dem alles unendlich gut ist. Oder die vom Schlaraffenland, in dem alles in überwältigender genussvoller Fülle vorhanden ist. Oder die von den ewigen Jagdgründen, in denen alles seine endgültige Erfüllung findet, auch seine Belohnung. Oder die von einem Jenseits, in dem alles anders ist als im Diesseits.

Großartig sind diese Entwürfe, weil sie zeigen, dass der Mensch über die Grenze des Todes hinweg dachte und hinweg glaubte. Im selben Zusammenhang damit stehen dann auch Bilder vom Übergang in die andere Welt: vom Todesfluss, der mit einem Nachen überquert werden muss, oder vom Fegefeuer, das die Seele läutern soll, oder von einer Wiedergeburt in anderer Form, bis schließlich die Vollendung erreicht ist. Hier begegnen wir einem ungeheuren religiösen Reichtum, der sich sprichwörtlich im Ausdruck „in Abrahams Schoß" deutlich macht. Großartig ist ein weiteres Mal, wie intensiv die Menschheit auf der Suche nach ausgleichender Gerechtigkeit war, und wie hungrig der Mensch nach bleibender Sinnerfüllung lebte. Viele dieser höchst menschlichen Lösungs- und Erlösungsversuche sind aber auch nach allen Regeln schlechter Kunst stets missbraucht worden.

Mit der Vertröstung auf ein besseres Danach konnte man unzählige Menschen in menschenunwürdigen Verhältnissen arbeiten lassen, quälen, drangsalieren, umbringen und obendrein zu Märtyrern stempeln. Der Glaube an ein vollkommenes Paradies war daher auch eine Art lautloser Aufstand gegen die Verhältnisse. Viele Spirituals und Gospels der schwarzen Plantagenarbeiter sprechen diese mutige Sprache der verzweifelten Herzen.

Gott im Tod? Das ist keine fromme Droge gegen die Angst. Wohin sollen wir denn sterben, wenn nicht in Gott hinein? Gott ist ganz gewiss da, wo gestorben wird. Aber er veranlasst den Tod nicht, er bestimmt nicht Tag und Ort, nicht Art und Umstand. Er hat das Wesen des Endes in die Kreatur gelegt, also auch in den Menschen. Mein Glaube sagt mir, dass Gott das Leben in Gang gebracht hat, in der Folge also auch mein Leben. Mein Glaube sagt mir, dass er seine Menschenkinder, wie der Psalm es ausdrückt, wieder zurückkommen lässt, dass er unser Wesen bewahrt und neu beruft. Mein Glaube sagt mir, dass ich mich in meinem Sterben und Tod Gott anvertrauen kann. Ich bin davon überzeugt, dass er meine Identität in Obhut nimmt in seinem großen neuen Lebensraum, den wir Ewigkeit nennen.

Doch die menschliche Sprache versagt vor diesen letzten Grenzen. Mehr will ich auch gar nicht wissen. Es ist mir genug, dass Gott im Tod da ist. Das ist überhaupt keine Rechtfertigung für die Töter und Gangster. Im Gegenteil: Dieser Glaube führt zum aktiven Widerstand gegen alle Vernichter. Das betrifft nicht nur den körperlichen Tod, sondern auch die Millionen und Abermillionen seelischer Tode, die gestorben werden in unserer Welt.

Aber keinen Augenblick bin ich allein. Gott ist da, wie er auf Golgatha da war und in Auschwitz und in Katyn und überall auf der Welt, wo Menschen eines natürlichen oder unnatürlichen Todes sterben. Meine Wut über die Ungerechtigkeit wird dadurch nicht kleiner, meine Enttäuschung über fehlende Hilfe wird dadurch nicht geringer, meine Angst vor einem solchen Geschick nimmt dadurch nicht ab, meine Trauer beim Abschied ist deswegen nicht minder belastend; aber meine Hoffnung wächst, mein Vertrauen nimmt zu, mein Gebet wächst, mein Glaube beschützt mich, und meine Verbindung zu Gott wird intensiver.

Ob diese Sätze helfen? Ich weiß es nicht. Ob sie mir eines Tages helfen werden, weiß ich auch nicht. Aber ich habe in meinem Leben so viel Sterben und Tod erlebt, ich habe an so vielen Sterbebetten gesessen, ich habe so viele Ängste gesehen, ich habe so viel Verzweiflung begleitet, dass ich solche Sätze wage. Gott im Tod: Das stimmt! Das steht auch auf vielen Grabsteinen. Das steht in vielen Trauerbriefen. Aber ob dieser Glaube trägt? Vielleicht ist der 90. Psalm wirklich eine Antwort. Man müsste darüber reden. Man müsste darüber auch mit Sterbenden reden, die sich ja nichts sehnlicher wünschen als eine begründete Auskunft über die Hoffnung.

Gott in der Geschichte

Mit dem Wort Geschichte verbinden wir meistens den Begriff der Vergangenheit, so als bündele sich das Geschehene von ganz allein zur Geschichte. Hinzu kommt, dass wir Geschichte meistens der Länge nach sehen, sozusagen im Ablauf und Verlauf von Zeit. Selten genug erkunden wir Geschichte auch in ihrer Breite, selten oder gar nicht in Tiefe und Höhe. Wir lernen Fakten, nehmen Zahlen zur Kenntnis, gewinnen einen gewissen Überblick über eine Epoche, wir vergleichen Quellen, machen uns Vorstellungen und benutzen unser Gedächtnis, um Wissen und Erkenntnis abrufbereit zu halten.

So kommt es ganz von allein zu Einseitigkeiten, zu subjektiven, also höchst persönlich geprägten Deutungen, und im Ergebnis ist Geschichte dann schlicht und einfach der begrenzte Ausschnitt, den wir aus der Sichtweise anderer präsentiert bekommen. Gegen all das ist wenig zu sagen, gehört es doch zum Wesen des Menschen, begrenzt zu sein.

Stichworte wie Musikgeschichte, Kulturgeschichte, Naturgeschichte, Kunstgeschichte, Frühgeschichte, Vorgeschichte, Rechtsgeschichte, Friedensgeschichte, Kriegsgeschichte und unzählige -geschichten mehr machen deutlich, dass wir uns immer nur in Abschnitten und Ausschnitten bewegen können. Zudem entfallen meistens auch die Elemente der Gegenwart und Zukunft. Wir haben weder einen Überblick noch einen verantwortlichen Einblick oder gar einen sinnvollen Durchblick.

Wenn wir Geschichte sagen, können wir damit bescheidenerweise nur begrenzte Horizonte meinen. Wohl scheint der Mensch das einzige Lebewesen zu sein, das über Erbvermittlung und Lernmuster hinaus in der Lage ist, Sein und Geschehen zu bedenken, aber der Gesamtzusammenhang, die Vernetzung all dessen, was ist und geschieht, bleibt dem Menschen verborgen. Auch das ist wahrlich keine Schande, aber das Eingeständnis dieser Begrenzung stünde uns Menschen gut an. Selbst wenn der größte Rechner der Welt mit sämtlichen nur denkbaren Informationen aller großen Geister gefüttert würde, er würde mit seinen Aussagen bestenfalls den Saum Gottes ertasten können.

Ein solcher Satz schmälert überhaupt nicht die Begabung und Fähigkeit des Menschen, im Gegenteil: Ein solcher Satz führt aus der Arroganz heraus und in die Dankbarkeit, ins Staunen und gar in die Bewunderung hinein. Ein Mensch, der so glaubt und denkt, geht auf Entdeckungsreise in Gottesreich und Menschenwelt. Natürlich hat das etwas mit Zeit zu tun. Aber Zeit ist eine willkürliche Messlatte, die rund um diese Erde weder gilt noch stimmt und für das Universum schon überhaupt nicht mehr.

Also: Gott in der Geschichte? Menschen, die glauben, werden, wie schon gesagt, in allem, was ist und lebt, die Bereitstellung der Möglichkeiten von Gott sehen. Insgesamt ist dann Geschichte die Summe aller Geschenke aus der Hand des Schöpfers, die konkret auf dieser Erde seit vielleicht 140000 Jahren vom Menschen beeinflusst, mitverwaltet, gestaltet und auch zerstört werden. Ich weiß: Dies ist ein Glaubensbekenntnis. Das soll es auch sein. Die atheistische Kehrseite solcher Sätze wäre: Alles Sein ist ein Selbstgänger, irgendwann, irgendwie durch irgendwas entstanden und auf den Weg der Entwicklung gebracht. Die Naturwissenschaft wird es irgendwann schon irgendwie durch irgendwen belegen. Alles, was geschieht und zur Geschichte gehört, geschieht durch innere Gesetzlichkeiten und ökonomische Zwänge.

Eine andere Kehrseite wäre das magische Gottesverständnis: Gott handelt nicht nur in der Geschichte, sondern er macht buchstäblich die Geschichte vom großen Ganzen bis zum kleinsten Detail. Nichts geschieht ohne Gottes ausdrücklichen Willen. Mich friert fast, wenn ich mir klar mache, was sich mit solcher Einstellung legitimieren und entschuldigen lässt.

Gott ist der Herr der Geschichte, weil er ihr ursprünglicher Auftraggeber ist. Gott wirkt in der Geschichte, wenn Menschen in Liebe, Ehrfurcht und Gerechtigkeit leben und ihre Macht, wenn sie denn welche haben, vor Gott und seiner Wahrheit verantworten. Bei solchen Menschen spürt man nahezu körperlich die Nähe und die Wirkung Gottes. Dann bekommt Geschichte vier Dimensionen: Tiefe, Höhe, Länge und Breite. Seit biblischen Zeiten spricht man vom Heiligen Geist. Der Begriff umfasst, höchst menschlich gedacht und geglaubt, alle Gaben und Begabungen, alles Wesen und alles Wesentliche, alles Gute und alle Güte, alle Wahrheit und alle Wahrhaftigkeit, alle Gebote und alle Gebete, allen Mut und alle Ermutigung und unendlich vieles mehr, das aus Gottes reichem Vorrat durch Menschen zur Geschichte wird. So eben kommt der Glaube zu seiner Wirklichkeit. Das ist der Sinn von Geschichte, die dann geprägt ist durch die Öffnung nach vorn, durch Hoffnung. So machen Menschen Geschichte. Menschen dagegen, die verketzern, vernichten, ausbeuten, ausrotten, verschleudern, verhetzen, töten, morden und anderes mehr, schreiben bestenfalls ein Blatt Geschichte, aber sie zerstören Geschichte.

Mensch – Krone der Schöpfung – Zweibeiner
– Säuger – denkendes Wesen – soziales Wesen: Was hat es nicht für Versuche gegeben,
den Menschen zu definieren! Was hat es nicht
für Versuche gegeben, ein Menschenbild
zu entwerfen, das der jeweiligen Situation
angepasst werden konnte: dem Klima, den
Bodenverhältnissen, der Entwicklungsstufe,
dem Herrschersystem, dem jeweiligen biologischen Erkenntnisstand und den jeweiligen
politischen Verhältnissen oder bildungspolitischen oder wirtschaftlichen Interessen. Das
ist ein Dickicht, nein, ein Urwald von anthropologischen Entwürfen! Das ist alles verständlich, vieles ist sinnvoll, anderes makaber
und degradierend, aber insgesamt zeigt es die
Geschichte des denkenden und nachdenklichen Menschen, eben die Geistesgeschichte
des Homo sapiens.

Das nötigt mir allen Respekt ab und belegt
ja auch, wie sehr der Mensch allzeit darauf aus
war und ist, sich selbst zu klären und zu erklären. Woher komme ich? Wer bin ich? Wo-

hin gehe ich? Wo ist Sinn? Wo ist Würde? Was ist Wert? Was ist Leben? Wofür lebe ich?

Fragen, Fragen, Fragen.

An diesem Punkt entwickelten sich Menschenbilder der unterschiedlichsten Art, und die Menschenbildner der unterschiedlichsten Art waren und sind eifrig an der Arbeit:

Der kleine, eben geborene Mensch sollte werden wie der Vater, wie die Mutter, wie der König, wie der Lehrer. Der kleine Mensch sollte erzogen werden zum Helden, zum Vorbild, zum Staatsbürger, zum Leistungsträger, zum Waffenträger, zum Genie, zum Diener, zum Herrscher, zum Einsiedler, zum Priester, zum Dieb, zum Mörder usw. Die Menschenbildner waren und sind an der Arbeit, Menschen zu formen, zu prägen, zu bevormunden und zu entwickeln. In allen Völkern war und ist das so. So taten und tun es eben auch die Christen: Erziehung zum guten Katholiken, zum guten Protestanten, Erziehung zum Frommen, Erziehung zu ...! Und alle gaben sich Mühe und meinten es gut, und alle dachten an die Wahrheit und an die Ehre und an die Kirche, und tatsächlich: Alle dachten an Gott. Wirklich? Gott im Menschen?

Aus allen diesen Erziehungszielen entstanden Systeme, die vom entsprechenden Denken getragen wurden:

Der Mensch wurde von der Vernunft her verstanden. Der Mensch als vernunftbegabtes Wesen.

Der Mensch wurde von der Seele her definiert: der Mensch als gottbezogenes Wesen.

Der Mensch wurde von der Sexualität aus begriffen. Der Mensch als lustbezogenes Wesen.

Der Mensch wurde von den Gefühlen aus gedacht. Der Mensch als emotionsbezogenes Wesen.

Der Mensch wurde vom Gemeinsinn aus definiert. Der Mensch als soziales Wesen.

Der Mensch wurde von der Gesundheit, von der Kraft, von der Bedeutung, vom Stand, vom Rang oder auch vom Geschlecht aus gesehen. Der Mensch als besonderes Wesen.

Ganze Schulen und pädagogische Leitbilder wuchsen. Aber wo ist da Gott im Menschen?

Das fragt man sich ja heute nicht nur wegen der erschreckenden Welt und Weltgeschichte, sondern man fragt sich besonders, welche

Rolle die Religionen und die Kirchen dabei spielen, die doch angeblich die Menschen von Gott aus und zu Gott hin erziehen wollen.

Wieso gibt es „Gotteskrieger"? Gott im Koppelschloss? Wieso gibt es religiöse Kriege? Nordirlandterror? Nahostterror? Flugzeugterror? Ketzerhüte? Ketzerverbrennungen? Lynchjustiz? Wieso gibt es das alles? Und dann im Namen Gottes? Welches Gottes?

Das alles hat nichts, aber auch gar nichts mit Gott zu tun. Nein, es ist schreiende Lästerung. Es ist eine einzige Gottesvergewaltigung!

Also fragen wir neu: Wo ist Gott im Menschen? Wieder taucht die alte Schöpfungsgeschichte der Bibel auf und schiebt sich hochmodern in den Vordergrund unserer Zeit. Wunderbar, welches Menschenbild da entworfen wird:

Der Mensch wird als Gottes rechte Hand gedacht, als sein Prokurist, als sein Handlungsbevollmächtigter. Das ist eine grandiose Anthropologie. Allerdings geht sie davon aus, dass Gott als Schöpfer Zentrum und Inbegriff von Lebensautorität ist. Wenn hier der Glaube das Wort hat, wird er den Menschen sowohl in seine Grenzen wie in seine Hoheit einweisen. Die Grenzen bestehen darin, nicht sein zu können wie Gott. Die Hoheit besteht darin, Gottes Rechtsanwalt zu sein, also dafür zu sorgen, dass Gottes Recht auf Erden zu seiner Wirklichkeit findet. Dieses Recht aber heißt immer: Leben, Freiheit, Frieden, Gerechtigkeit und Liebe. In dem Maße, wie der Mensch Grenze und Hoheit erkennt und anerkennt, ist Gott in ihm und mit ihm. In dem Maße, wie der Mensch sich diesem Rahmen verweigert, verliert er beides und schreibt die Geschichte der Lästerung und der Gräuel fort. Das hört sich so theoretisch und abstrakt an. Das Gegenteil ist der Fall. Denn wer die Kategorien des menschlichen Menschen im Sinne Gottes durchbuchstabiert, erkennt bald, dass es nichts Konkreteres und Vitaleres gibt als Leben, Freiheit, Frieden und Gerechtigkeit. Wenn ein Mensch dies in seinem Leben austrägt, also zur Welt bringt, wie ein Kind zur Welt gebracht wird, dann bringt er Gott zur Welt und den Menschen zur Gesinnung und Besinnung.

Der andere Hinweis der Schöpfungsgeschichte auf den Sinn des Menschen heißt:

Ich soll Spiegel und Denkmal sein. Gott will sich im Menschen spiegeln! Was für ein Vertrauen! Was für eine Beziehung! In meinem Leben, in meinen Handlungen, in meinen Gedanken und Worten will Gott zu Hause sein, wie ein Bild im Spiegel zu Hause ist oder ein Ruf im Echo. Gott im Menschen? Nur so und nicht anders! Das ist kein Korsett und kein System, sondern Berufung zur Freiheit.

Es gibt den Hinweis, dass der Mensch Denkmal sein soll. Also: Wer einen Menschen sieht, soll wissen und erkennen: Hier ist Gottes Machtbereich und Hoheitsgebiet. Dies ist wohl der entscheidende Gesichtspunkt: Bin ich als Mensch bereit, Gottes Denkmal zu sein und den anderen Menschen als Gottes Denkmal zu sehen? Denn in dem Augenblick würden alle Herrschaftsansprüche entfallen; Toleranz würde wachsen, Verständnis würde möglich, Frieden hätte eine Chance. Ist das nur ein Traum? Eine Illusion? Eine Fata Morgana, die zum Scheitern verurteilt sein muss, weil die menschlichen Veranlagungen zum Bösen führen?

Beileibe nicht, denn die Denkmal-Menschen sind in dieser Welt weit in der Über-

zahl. Mit allen Schwächen und Versagern verbreitet diese Überzahl an Denkmal- und Spie-
gelmenschen eine Atmosphäre der Wärme
und des Vertrauens, die einfach wohl tut.

Lediglich der Schulterschluss dieser Menschen fehlt. Aber sie bilden innerlich die entscheidende Koalition auf Zukunft, denn an
ihnen spürt man: Gott ist im Menschen.

GOTT IN DER KIRCHE

Dass sich die Kirche weltweit unüberschaubar seit Jahrhunderten gespalten hat, ist für viele, viele Menschen ein Skandal. Dass es nicht nur Spaltung war, sondern auch Krieg, Verwüstung, Verdammung, Rechthaberei, Verketzerung und gegenseitiges Abspenstigmachen von Mitgliedern, ist für sehr viele Menschen eine schreckliche Geschichte. Dass vieles dabei mit Geld und Macht zu tun hat, mit Hurerei und Bestechung, mit Eitelkeit und Arroganz, bestürzt viele Menschen und lässt sie zweifeln, dass Gott etwas mit dieser Kirche zu tun haben könnte.

Aber was ist denn die Kirche? Sie ist doch immer auch die Summe der menschlichen Zulänglichkeiten und Unzulänglichkeiten. Das kennen wir aus jeder Familie, aus jeder Gruppe, aus jedem Volk, aus jedem Orchester und Chor, aus jedem Team und Verein. Überall, wo Menschen am Werk sind, menschelt es. So selbstverständlich wie dieser Satz klingt, so selbstverständlich wird er auf die

Kirche nicht angewandt. Den einen klingt er zu sehr nach Alibi und Entschuldigung, den andern passt er nicht, weil sie die Kirche mit einem Idealbild umkleiden, verbunden mit einem Vollkommenheitsanspruch, etwa nach der Devise: Wer sich von Gott herleitet, wer sich auf Gott beruft, wer Gottes Offenbarung für sich in Anspruch nimmt, wer eine rigorose Ethik entwirft, wer die Wahrheit gepachtet hat, wer Heilige zu seinen Mitgliedern zählt, wer das Wächteramt über Sitte und Moral beansprucht, wer Königen und Kaisern ins Ohr flüstert und in den Hintern kriecht, wer Nachfolge predigt und Hinterlist praktiziert, wer Geld kassiert und Schätze sammelt, der muss ein absolut integres Vorbild sein, wenn die Widersprüche im Verhalten ihn nicht lächerlich machen sollen. – Das ist alles verständlich, aus der Geschichte belegbar, bringt den Kritikern Zulauf und den Kirchenvertretern Schwierigkeiten.

Wenn doch die Christen aller Färbungen aufhören könnten, den Alleinvertretungsanspruch zu erheben oder aber die Vogel-Strauß-Politik zu praktizieren! Wo ist da Gott in der Kirche? Gott hat die Kirche nicht berufen, sie ist entstanden, und zwar durch Menschen, die sich in solcher Gemeinschaft einrichten wollten, um ihren Glauben und seine kostbare Botschaft zu leben und zu verbreiten. Das geschah aus der Überzeugung, dass die Bergpredigt die entscheidende Auskunft für ein sinnvolles Leben ist. Die Gründermenschen der Kirche hatten ähnliche Schwierigkeiten wie wir Heutigen. Sehr früh schon gab es Parteien, Richtungen, Ansprüche, Wirkungsbereiche, sozusagen Reviere, und es gab Streit.

Das wurde auch nicht besser, als das Christentum zur Staatsreligion ernannt wurde. Doch immerhin: Wie eine Fußbodenheizung blieb die Botschaft in und unter der Kirche erhalten. Millionen und Abermillionen von Menschen entdeckten hier die Grundlage für Hoffnung und Sinn. Millionen sangen und tanzten, beteten und dachten. Millionen opferten sich oder wurden geopfert, sogar im Innenraum der Kirche durch Inquisition und Hexenjagd. Doch das alles ändert nichts am Glanz der Botschaft vom Dreieinigen Gott: Gott, der Wirker; Christus, das Werk; der Heilige Geist, die Wirkung. Oder: Gott, der Geber; Christus, die Gabe; der Heilige Geist, die Begabung. Und so wohnt Gott eben doch in der Kirche: als heilige Anstiftung zur Nachfolge; als ansteckende Gesundheit zum Sinn des Lebens; als Initiator zu Neuem.

Genau auf dieser Grundlage entstanden die Kirchengebäude: Zufluchtsstätten gegen Fluten und Feinde, architekturgewordener Glaube, Heimstatt der Hoffnung: Gottes Wohnzimmer. So entstanden Bilder und Skulpturen, Ikonen und Figuren: Gottes Ausdruck in Menschenkunst. So entstanden Gesänge, komponierter Glaube, Gottes Melodie in menschlicher Musik. Gottesdienst entstand: die österliche Vollversammlung: Fest der Siedler, Aufbruch der Scouts zu neuen Horizonten, zu neuen Einsichten. Es entstanden Feste und Feiern: Trauerfeiern als Klage über das Ende und Jubel über die Hoffnung. Trauungen als Aussage und Zusage für ein Leben mit Gottes Segen. Seelsorge wuchs, jenes wesentliche Element von Kirche mit streichelnden Händen und guten Worten, mit helfenden Gesten und tragfähiger Obhut. Literatur entstand: schriftgewordener Glaube, Dichtung vor Gott, Dichtung von Gott. Unterricht wuchs: Verinnerlichung von Glaube und Wissen, Befreiung zur Welt, Begleitung in den Alltag. Dies und vieles mehr gehört zum Wesen aller Kirchen dieser Welt. Das sind wahrlich Gründe, um in die Kirche einzutreten, obwohl die Bedingungen der Kirchen rund um diese Erde sehr unterschiedlich sind: zwischen Reichtum und Armut, Hitze und Kälte, Tradition und Moderne.

In alledem liebe ich meine Kirche, und ich liebe auch z. B. die Kirchen meines anglikanischen und meines griechischen Freundes. Wir leben in Kirchen, die trotz aller Belastungen Grundlagen legen in Taufe und Abendmahl: in der Auszeichnung des Menschen mit dem Namen Gottes und in der Tischgemeinschaft zum Frieden und zur Vergebung. Das sind wunderbare Elemente. Nur leider leiden auch sie unter der Spaltung der Kirchen.

Gott in der Kirche? Das würde bedeuten: Einheitlichkeit vermeiden, Einigkeit praktizieren und Einheit leben. Dann wäre Gott spürbar trotz aller menschlichen Unzulänglichkeiten.

Etwas romantisch, aber ehrlich sage ich: Wenn es die Kirche nicht gäbe, müsste sie erfunden werden. Sie birgt eine Geschichte der getauften Zwerge, der kleinen Leute, der Geschundenen und Missbrauchten, der Ausgebeuteten und Zukurzgekommenen, und genau in dieser Kirche leuchtet Gott auf und wird sie als sein Instrument benutzen, um die Welt auf das Heil einzustimmen.

Gott in der Kirche? Wo sonst?

GOTT IN CHRISTUS

Alles bisher Gesagte läuft auf dieses Kapitel hinaus. Deshalb setze ich an den Beginn der folgenden Gedanken den großen Christus-Hymnus aus dem Philipperbrief, den ich in unsere Sprache übertrage:

Stellt euer Herz ein auf das,
was Jesus Christus gesagt und gelebt hat.
Er vertrat ja Gott in der Welt,
er verkörpert den Vater
und wurde zum Inbegriff seiner Liebe.
Daran hat er nie gezweifelt.
Er verkroch sich nicht hinter Gott,
sondern machte sich klein,
wurde zum Diener der Menschen,
wurde den Menschen gleich
und von den Menschen
als Menschenbruder anerkannt.
Für seine geliebten Menschen
ging er den untersten Weg, gehorchte Gott.
Sein Gehorsam brachte ihn ans Kreuz.

Deshalb hat Gott ihm auch Vollmacht
über das Leben gegeben
und einen Namen,
der alle anderen Namen überglänzt.
Seinen Namen sollen alle anerkennen
und rühmen, alle Kräfte und Menschen,
alle, die im Himmel und auf Erden
und unter der Erde wohnen.
Weltweit soll das Bekenntnis gelten:
Jesus Christus ist der Herr
zur Ehre Gottes, des Vaters.

Mit dem Kind in der Krippe begann es. Maria trug das Kind. Maria trug Gott mit dem Kind. Maria brachte das Kind zur Welt. Maria brachte Gott zur Welt. Es geschah in Bethlehem, weil der Römer Augustus nach neuen Steuern gierte. Männer sollten sich eintragen, nicht Frauen. Deshalb brach Josef auf zusammen mit seiner schwangeren Frau. Das feiern wir zu Weihnachten. Gott ist nicht biologisch der Vater. Jungfrauengeburten gibt es in fast allen Religionen der Welt, überwältigende biologische Mirakel. Nein, anders: Wenn im Orient gesagt wird, jemand sei der Vater der Weisheit, Sohn der Güte, Tochter der Schönheit oder Mutter der Liebe, dann ist gemeint: typisch Weisheit, typisch Güte, Inbegriff von Schönheit, ganz Liebe! Damit werden Wesen und Ausstrahlung bezeichnet; bezeichnet wird, was ich erkennen und identifizieren kann.

Am Kind von Bethlehem wird das Wesen Gottes erkannt; das Kind wird zum Inbegriff Gottes, zu seiner Ausstrahlung; an ihm lässt sich Gott identifizieren. Deshalb nannte man Gott Vater, Jesus selbst tat es, und ihn nannte man Sohn, Sohn des Höchsten. Hierin liegt das ungleich größere Wunder: Gott gibt sich im Kind zu erkennen; er lässt sein Wesen und seine Wirkung von Menschen ertasten, erfahren, erleben und glauben. Die Weisen aus dem Morgenland sind das beredte Beispiel dafür.

Aufgebrochen waren sie aus einem ganz anderen Grund. Das große, besondere Jupiter-Saturn-Licht am Himmel war ihren Berechnungen zufolge der Hinweis darauf, dass auf Erden ein Königssohn geboren sein müsse, wenn sich am Himmel der Königsstern mit dem Messiasstern trifft. Aus reinem Analogiedenken heraus brachen sie auf. Und dann das: am Königshof des Herodes nichts, aber in Bethlehem alles. Sie hatten die falschen Geschenke mit. Die Adresse hatte sich plötzlich geändert. Und dann noch: kein Palast, sondern ein Stall. Doch im selben Augenblick begriffen sie buchstäblich die Heilige Nacht, und sie, die Fremden, die Andersglaubenden, knieten nieder und beteten an. Im Traum wurde ihnen klar, dass es dem Willen Gottes entspräche, wenn sie nicht wieder zu Herodes gingen. Leider erfahren wir nicht, was aus ihnen wurde, als sie wieder heimkehrten in das Land zwischen Euphrat und Tigris. Aber Gott in Christus? Das hatten sie erlebt und erkannt.

Hirten kamen. Der aufgerissene Himmel und die Rede des Engels hatten sie auf den Weg gebracht. Aufgerissener Himmel: Das ist die direkte Anwesenheit Gottes, in einem wunderbaren Bildwort ausgedrückt. Und Engel? Darüber haben wir schon gesprochen: Gott ist da, macht sich erfahrbar im kostbaren Augenblick menschlicher Erkenntnis. Bei den Hirten muss viel gespeicherte Motivation gewesen sein, dass sie sich so spontan auf den Weg machten. Auch sie erkannten am Ziel den Heiland, den Friedenspender im Kind. Im Grunde sind diese Vorgänge nicht zu fassen. Welche Sehnsucht muss in den Menschen gewesen sein! Welche Hoffnung lag im Vorrat der Seelen! Maria bewegte all ihre Worte in ihrem Herzen, wie es heißt. Die griechische Vokabel für bewegen heißt soviel wie: Sie ließ alle ihre Worte zum Symbol werden, sie brachte alles zu einer inneren Konferenz.

Gott in Christus? Die Hirten begriffen auf der Stelle, machten auf dem Absatz kehrt, um weiterzusagen, was sie erlebt hatten. Das war der Anfang der christlichen Verkündigung.

Was würde es bedeuten, wenn wir begriffen, dass Gott in jedem Kind zur Welt kommt, weil er sich in diesem einen Kind zu erkennen gab?!

Die ungeheure Nähe dieses Kindes zu Gott, ja seine Wesensverwandtschaft, erkennen wir im 12-jährigen Jesus, der sich zum großen Fest in der großen Stadt von seinen Eltern entfernt, um im Hause Gottes zur Verwunderung der Alten und Weisen zu hören und zu reden. Gott in Christus? Da leuchtete er auf und machte sich den Menschen bekannt. Dann begegnen wir ihm erst wieder

30-jährig in der Wüste. Er spürte seinen Auftrag für die Welt, aber er wollte sich prüfen. Er ging in Quarantäne, denn so nennt man den Zeitraum von 40, hier also von 40 Tagen. Er stellt sich den verführerischen Angeboten, ja den satanischen Verlockungen zu Macht, Geld, Einfluss, Weltgeltung und Göttlichkeit. Er besteht diese Versuchungen. Er beruft sich auf Gott, und Gott ist in ihm.

Er beruft Jünger, Mitarbeiter, sehr unterschiedliche: den Bauern, den politischen Eiferer, den Fischer, den Rechtsanwalt. Sie machen mit, sie gehen mit, sie glauben mit, sie beten mit. Jesus selbst macht eine Art Meinungsumfrage; er will wissen, was die Menschen über ihn sagen. Er bekommt höchst unterschiedliche Antworten. Doch Petrus sagt: Du bist Christus! – Das bedeutet: der Bevollmächtigte Gottes. Jesus antwortet: Auf dieses Bekenntnis will ich meine Gemeinde bauen. Gott in Christus? Hier ist es ganz klar.

Wir begegnen ihm in der Berg- oder auch Feldpredigt. Sie bietet das ganze Evangelium in einer Nussschale, sie ist die Magna Charta des Glaubens. Sie spannt den Bogen vom Brotkrümel bis in die Ewigkeit, vom Friedenstifter bis zum Beter im Kämmerlein, vom neuen sinnvollen Menschenbild bis zur Geltung der Gebote, von der Eröffnung des Glaubens bis zur Ethik im Alltag. Wer sie liest (Matthäus 5-7), ist fasziniert von der Schlichtheit der Aussage und der Radikalität der Herausforderung. Gott in Christus? Hier ist der Prediger Gottes, nicht ein Religionsgründer, nicht ein Kirchenmacher, sondern ein Glaubenswirker.

Weiter begegnen wir dem Seelsorger, dem Helfer, dem Heiler, dem Tröster, dem Erzähler, dem Menschenbruder und Menschensohn. Die Gleichnisse, die er erzählt, gehören zur Weltliteratur.

Er hat überhaupt nicht das Image eines religiösen Helden. Er ist einfach da, er berichtet von der Wahrheit Gottes, er erzählt vom offenen Himmel, vom nahen Gott, vom Klima der Liebe, von der Geltung der Gerechtigkeit und vom Wesen des Friedens. Er hilft, wo er kann, er macht Mut, wo es wichtig ist, er schafft Klarheit, wo es darauf ankommt, er scheut kein Gespräch mit seinen Gegnern, er hat keine Berührungsängste gegenüber Krankheit oder Hass, er scheut nicht die Nähe der stadtbekannten Sünderin, und er scheut nicht Pilatus, den feinnervigen Römer, der ihn ja gern freigegeben hätte aufgrund der üblichen Amnestie. Was ist Wahrheit? fragt dieser geschulte Jurist. Aber er erkennt nicht, dass er der Wahrheit gegenüber sitzt.

Gott in Christus?

Wir erleben Jesus aus Nazareth auch im Umgang mit Kindern: Wie er sie dicht an sich heranlässt zum Unwillen seiner Freunde, denn Heiliges und Heilige waren nur etwas für Erwachsene. Wir spüren seine Enttäuschung und seinen Zorn über solche Einstellung. Umso tiefer berührt uns seine Reaktion: Er streichelt die Kinder, segnet sie und gibt ihnen einen Kuss. Noch mehr Gott kann man sich kaum vorstellen.

Wir erleben diesen Jesus aus Nazareth im geduldigen Nachtgespräch mit Nikodemus mit der Frage, wie ein Mensch neu werden kann. Wir sehen ihn aber auch mit glühendem Zorn über den Missbrauch des Tempels durch Geldschacherei und Warenhauscharakter.

Schließlich sehen wir ihn beim Abendmahl: in geradezu zärtlicher Nähe zu seinen Freunden, als er ihnen klar machen will, dass sie ihn auch nach seinem Tod erleben werden im Fest des Friedenstisches. Als schlösse sich der Kreis von seiner Taufe im Jordan bis zu diesem Augenblick, so erleben wir ihn in seinem Abschied voller Nähe und Vergebung

Dann kommt es zur Kreuzigung. Dem Römer Pilatus blieb keine andere Wahl. Pöbel und Klerus hatten anders entschieden. Golgatha! Müllkippe von Jerusalem. Seine Worte am Kreuz haben Weltwirkung. Gott im Kreuz?

Vollendung! Vergebung! Stiftung neuer Gemeinschaft! Der Hauptmann begriff es. Die Trauer war groß. Aber Ostern kam. Wer seine Hoffnung in einem Grab sucht, wird enttäuscht. „Was sucht ihr den Lebendigen bei den Toten?"

Neues Leben! Neue Gemeinde! Neue Zeit! Neue Kreatur! Neue Stadt! Das Neue Testament überschlägt sich fast vor Jubel und Freude. Der Auftrag entsteht: Sagt es der Welt weiter. Sagt weiter, dass dieser Christus lebt. Sagt weiter, dass sein Werk beginnt und auf Fortsetzung aus ist.

Wer dann noch einen Blick in das 17. Kapitel des Johannes-Evangeliums tut, entdeckt im Vermächtnis Christi, in seinem Abschiedsgebet die Ziele und Impulse seines Wirkens: Einheit und Geschwisterlichkeit.

Was haben die Christen und die Kirchen daraus gemacht?

Aus Christus wurde eine Christologie, eine Lehre, eine Dogmatik. Aus der Lehre wurde eine Ekklesiologie, eine Lehre von der Kirche; aus der Erfahrung des Heiligen Geistes wurde eine Pneumatologie, eine Lehre, und aus diesen Lehren wuchsen Stellungskämpfe, religiöse Konflikte und Glaubenskriege. Im Grunde ist es nicht nachzuvollziehen, was sich an Unrecht abgespielt hat. Kreuzzug – das ist nur ein Stichwort. Aber die Kreuzzüge finden im übertragenen Sinne nach wie vor statt. In all diesen Bereichen ist Gott nicht, jedenfalls nicht von vornherein; es sei denn, dort sind Menschen zu Hause, die für Brückenschlag, Versöhnung, Frieden, Vergebung und Befreiung einstehen.

Im ersten Kapitel des Johannes-Evangeliums steht eigentlich alles, was zu sagen ist. Ich übertrage die Verse in die Sprache von heute:

Von Gott stammt das Leben, und das Leben ist Gottes Licht. Es macht die Welt hell und auch mein Herz. Das ist wunderbar.

Aber in unserer Welt gibt es viel Dunkles, weil viele Menschen seit vielen Jahrtausenden das Licht nicht begriffen haben und das Leben verachten und damit Gott lästern.

Kurz vor Weihnachten wurde damals ein Kind geboren, das Johannes hieß. Er sollte den Menschen vom Licht und vom Leben erzählen. Das tat er auch und sagte immer wieder: Bald kommt der, der selbst das Licht für die Welt ist.

Dann wurde Jesus geboren.

Die Welt wurde hell.

Er wuchs heran und brachte den Menschen das Licht. Es sollte hell werden in ihren Herzen durch Liebe und Frieden.

Er kam sozusagen nach Hause, er kam zu seinen Geschwistern, aber die meisten kümmerten sich nicht darum.

Doch es gab viele, damals wie heute, die sich darüber freuten. Solche Menschen gehören ganz fest zu Gott, und sie vertrauen ihm.

Dieses Wunder können Menschen nicht

herstellen; es ist eben wirklich ein Geschenk Gottes, ein Geschenk, das mit dem Kind in der Krippe zur Welt kam.

An ihm konnten Hirten und Weise den Glanz Gottes erkennen. An ihm können wir bis heute spüren, was Gott in seiner Liebe mit uns Menschen vorhat.

Diese Liebe ist wie ein klarer Brunnen, aus dem wir alle trinken können.

Dann wird unser Leben gut.

Früher nannte man das Geschenk Gnade.

Man muss es nach und nach entdecken.

Jetzt versteht man unmittelbar, was die Sätze bedeuten, die ihm zugeschrieben werden:

Ich bin das Brot des Lebens.
Ich bin das Licht der Welt.
Ich bin die Tür.
Ich bin der gute Hirte.
Ich bin die Auferstehung und das Leben.
Ich bin der Weg und die Wahrheit
und das Leben.
Ich bin der Weinstock, ihr seid die Reben.
Ich bin ein König.

So beschließen wir dieses Kapitel, indem wir es offen lassen. Es sollte auch nur ein Anlass zum Staunen, Denken, Danken, Glauben und Meditieren sein.

Gott in Christus? Wer ihm nachfolgt, wird es erleben.

GOTT IN EWIGKEIT

Unter dieser Überschrift müssten sich eigentlich alle Religionen der Welt treffen und begegnen. Das wäre ein versöhnendes Dach. Alle Religionen können diesen Satz sprechen. Sie können ihn sprechen, ohne ihr Gesicht zu verlieren. In unterschiedlichen Sprachen werden sie unterschiedliche Gottesbezeichnungen finden, und das hat seine guten Gründe. Dennoch wäre es eine weltweite Koalition der Glaubenden, denn der eine Gott ist immer derselbe. Oder wollte etwa eine Religion behaupten, sie könne Gott auf sich selbst festlegen?!

Zum wiederholten Male ist zu sagen, dass Gottesbilder und Gottesbegriffe gehandelt und verkauft werden, nicht aber Gott. Wer behauptet, sein Gott sei der richtige, der behauptet doch nur, dass seine Art, von Gott zu reden, die einzig richtige sei. Genau hier liegt das Problem unserer Zeit. Nicht um Gott geht es, sondern um die religiöse Rede von Gott. Alle Religionen meinen grundsätzlich dasselbe, aber sie unterscheiden sich ebenso grundsätzlich in ihrer Dogmatik. So kommt es zum Kampf Dogmatik gegen Dogmatik, Priester gegen Priester, Imam gegen Guru, Kirche gegen Synagoge, Tempel gegen Dom, Kathedrale gegen Pagode, Koranschule gegen Konfirmandenunterricht und umgekehrt. Es ist zum Heulen. Die tiefe Frömmigkeit aller Glaubenden wird missbraucht und fehl geleitet, weil Machtinteressen und Machtansprüche wichtiger zu sein scheinen als die Beziehung der Menschen zu Gott.

In der Theologie gibt es den Ausdruck „Sub specie aeternitatis", was bedeutet: im Angesicht der Ewigkeit oder auch: im Blick auf die Ewigkeit. Im Grunde tut dies der glaubende Mensch: Er ist sich der Kleinheit seines Lebens angesichts der Ewigkeit bewusst und bezieht aus dieser Einsicht den Auftrag, das Leben sinnvoll zu führen. Nun verwechseln viele Menschen den Begriff der Ewigkeit mit dem der Unendlichkeit. Unendlichkeit aber ist ein mathematischer Begriff für die nicht mehr darstellbare Erstreckung der Zeit. Das mathematische Zeichen für Unendlichkeit ist genauso nichtssagend wie der Be-

griff. Gedacht wird hierbei sowohl nach rückwärts wie nach vorwärts, wie schon angedeutet: in Linien. Das hatte auch immer seine Bedeutung für den glaubenden Menschen: Wo
er nach rückwärts nicht mehr weiter kam im
Denken, setzte er Gott an, gleichsam das mathematische, in diesem Fall göttliche Zeichen
für Unendlichkeit. Wo der Mensch in seinem
Denken nach vorn nicht mehr weiter kam,
setzte er auch Gott an, als religiöses Zeichen
für Unendlichkeit.

Man könnte weiter denken, dass sich die
religiösen Zeitkoordinaten wie Kurven im
Unendlichen treffen. Gott begegnet sich also
selbst im für den Menschen nicht mehr
erkennbaren Unendlichkeitsbereich. Hierbei
wird Gott weniger geglaubt als vielmehr berechnet, und zwar als Ergebnis des menschlichen Unvermögens.

Setzen wir X für Vergangenheit und Y für
Zukunft, dann wird die Formel heißen: $X + Y$
$= Gott$. Dieser Gott ist nicht weniger statisch,
ja statistisch als der religiös-magische Gott.
Wenn Menschen daraufhin sagen: Ich kann
mir das alles nicht vorstellen, mein Begriffs-
vermögen reicht nicht aus, denn vielleicht

kann ich ja noch den Ellipseninhalt ausrechnen, aber ich komme Gott dadurch nicht näher. Gewiss hat der Münsteraner Philosoph Peter Wust Recht, wenn er sagt: „Die Welt, dividiert durch Vernunft, geht nie ohne Rest auf." Aber Gott ist nicht dieser Rest. Auch wenn ich die Millionensysteme der Milchstraße hochrechnen würde auf das gesamte Universum, falls mir das überhaupt gelänge, käme ich Gott keinen Schritt näher, es sei denn, er käme mir näher.

Gott ist auch nicht die Summe aller biochemischen Formeln. Gott erscheint auch nicht am Ende einer mikroskopischen Reihe. Gott kann eben nicht und nie naturwissenschaftlich oder denkerisch erfasst werden. Das soll beileibe nicht den Menschen hindern, in Naturwissenschaft und Philosophie unerbittlich und radikal zu forschen. Im Gegenteil: Der Glaube an Gott beauftragt dazu; die Neugier des Menschen ist eine Mitgift, die ausgelebt werden will.

Der Mensch kann ja immer nur entdecken, was da ist und bislang verborgen blieb. Er kann auch immer nur dem nachdenken, was vorgedacht war. Das ist kein Defizit, sondern ein ungeheurer Reichtum. Wenn der Mensch das tut, handelt er ja nicht gegen Gott, sondern von ihm her. Es sei denn, der Mensch erklärt sich zu einem Gott, zum Homo faber, zum Macher, der die Welt noch einmal neu erschaffen will. Aber von diesem Menschen gehen wir jetzt nicht aus, sondern von dem Menschen, der sich von Gott anstecken lässt, sich von Gott auf Spuren setzen lässt, nicht, um Gott zu entdecken oder abzusetzen, sondern um vor Gott zu staunen und zu danken.

Von hier aus bekommt der Begriff Ewigkeit seine Bedeutung. Gott in Ewigkeit! Hier löst sich die Linie Zeit auf und wird zum Raum, wird zur Raum-Zeit, wird zum Gottesraum, wird zur Gotteszeit, zum Lebensraum, zum Gottesall, wird zum Gottesumschluss. Wie unbeholfen doch unsere Sprache ist. Aber sie kann nicht anders, sie reicht eben wieder einmal nicht aus. Unsere Vorfahren hätten hier von Gottes Hand, von Gottes Schoß, von Gottes Armen, von Gottes Reich gesprochen. Warum auch nicht?! Es sind Bildworte für ein und dieselbe Wirklichkeit. Für eine geglaubte Wirklichkeit, die dadurch aber nicht weniger wirklich ist als eine gelebte Wirklichkeit, die ich ja auch nicht beweisen kann. So sind auch alle Gottesbeweise oder Rückschlüsse auf Gott im Mittelalter gescheitert, und die frommen Beweisversuche von heute scheitern ebenfalls. Die Versuche, Gott beweiskräftig zu leugnen, müssen genauso scheitern.

Mit dem Ausdruck „Sub specie aeternitatis" erhält der Begriff „Zeit" auch eine neue Bedeutung. Zeit wird dann plötzlich nicht mehr gemessen nach Sekunden, Monaten und Jahren, sondern nach Tiefe, Erfüllung, Bedeutung und Ziel.

Im Blick auf die Ewigkeit wird alles relativ, nicht einmal im Einsteinschen Sinne, denn das wäre zu kurz gedacht, sondern im Sinn von Geltung und Bedeutung. Eine alte Frau sagte mir: Unser Leben ist so klein. Was ist das schon gegen die Ewigkeit. – Ewigkeit, das ist Gott, der uns umgibt. Das ist Gott in seiner Hoheit, in seinem Klima, in seinen Hoffnungen auf uns Menschen. Ewigkeit, das ist gültiger Lebensraum, das ist Gottes Mantel, der uns umhüllt. Ewigkeit, das ist Himmel, Himmel überall und auf Erden; das ist Gottes Aura, sein Atem, seine Anwesenheit, seine Geräumigkeit. Aber auch dies sind nur stam-

melnde Wortfetzen, unzulängliche Bildversu-
che und Ergebnis der menschlichen Hilflosigkeit. Doch genau an dieser Stelle wird der
Glaube neu geboren, und zwar der tapfere
und bescheidene Glaube, der die Dankbarkeit entdeckt und zur Exkursion in die Wunder Gottes aufbricht, ein Glaube, der vor der
Ewigkeit in die Verantwortung und ins Gewissen führt, ein Glaube, der auf Toleranz
und Frieden aus ist, wie Lessing in seinem
„Nathan der Weise" unerbittlich anmahnt:
Religionsfriede, der allein zum Weltfrieden
führt.

Gott in Ewigkeit – das ist auch ein hymni-
scher Ausdruck, in dem der Mensch selbstbe-
wusst und doch demütig sich auf Gott ausrich-
tet und sich mithilfe seines Glaubens in die
„Umlaufbahn" Gottes betet. Mit solcher Einstellung ließe sich tatsächlich ein Weltethos
entwerfen, wie Hans Küng es entwarf. Doch
ist die innere Bereitschaft der Religions- und
Kirchenführer zu gering, und die Bereitschaft
zur Buße ist noch geringer, d. h. zur gegensei-
tigen Anerkennung und Vergebung.

Gott in Ewigkeit: Das ist der ferne Gott, der
uns ganz nahe sein will. Das bedeutet jedoch

Abschied von leeren Floskeln. Wie sagen die Dakota-Indianer?: „Wenn du merkst, dass das Pferd, auf dem du reitest, tot ist, dann steige ab!"

Es werden einfach nach wie vor zu viele tote Pferde geritten.

Deswegen habe ich ein Lied geschrieben, das sich nach der Melodie „Bewahre uns, Gott ..." (EG 171) singen lässt:

Die Zeit ist erfüllt
mit Klängen von Trost.
Du hast uns Gnade beschieden.
Gott, gib uns die Kraft,
die Obhut schafft.
Wir leben für Heil und Frieden.
Gott, gib uns die Kraft,
die Obhut schafft.
Wir leben für Heil und Frieden.

Wir danken dir, Herr,
wir loben dich, Gott.
Du hast uns Leben beschieden.
Verleih uns die Kraft,
die Glauben schafft.
Wir leben für Heil und Frieden.

Verleih uns die Kraft,
die Glauben schafft.
Wir leben für Heil und Frieden.

Die Erde ist groß,
die Erde ist schön.
Du hast uns Wunder beschieden.
Verleih uns die Kraft,
die Hoffnung schafft.
Wir leben für Heil und Frieden.
Verleih uns die Kraft,
die Hoffnung schafft.
Wir leben für Heil und Frieden.

Das Leben ist reich,
das Leben ist tief.
Du hast uns Freiheit beschieden.
Gott, gib uns die Kraft,
die Liebe schafft.
Wir leben für Heil und Frieden.
Gott, gib uns die Kraft,
die Liebe schafft.
Wir leben für Heil und Frieden.

Schließen wir unsere Überlegungen mit einem meditativen Gebet:

Dass Gott dich liebt – das glaubst du.
Dass Gott dich segnet – das spürst du.
Dass Gott dich beschenkt – das weißt du.
Dass Gott dich behütet – das hoffst du.
Dass Gott dich trägt – das erfährst du.
Dass Gott dich begleitet – das brauchst du.
Dass Gott dich versteht – das ahnst du.
Dass Gott dir vergibt – das bekennst du.
Herr Gott, Vater, Sohn und Geist:
Segne uns.

Amen.

Der Autor

Peter Spangenberg, geboren 1934, ist Pastor, war lange Jahre in der Großstadt und auf dem Dorf tätig und widmet sich im Ruhestand weiter der Mitarbeit als Dozent an der Universität Flensburg im Bereich der Evangelischen Religions-Pädagogik. Er lebt in Achtrup/Nordfriesland. Neu ist für ihn die ehrenamtliche Aufgabe als Ombudsmann für Kinder im Kirchenkreis Südtondern. Er ist Autor und Herausgeber von über 40 Publikationen: Neben Themen zum Glauben und zur Theologie finden sich Meditationen, Erzählungen, Märchen, Fabeln, Laienspiele, Lyrik, Lieder, ein Kriminalroman und eine Kinderbibel.